発達がわかれば保育ができる!

0〜5歳児の生活習慣から遊びまで

はじめに

ひとりひとりが美しく輝いて生きる人間形成の基礎の育ちに真心を尽くすことが保育者の使命

人間の教育は、知育、情操教育、などが重視されてきましたが、それらを育てる土台としてもっとも重要なことは、豊かな可能性を持つ子どもが人間文化の中で生きていくうえで必要な、人間らしい生活様式を身につける基礎的な生活習慣の確立だと考えます。人間の発達とは、人間社会での生き方の習得、文化の継承であり、大人を乗り越える創造的な発展でありましょう。0歳児から5歳児までの発達を見通し、生活習慣づけのスキルとともに、運動機能、人間関係、言葉、概念、表現など、あと伸びの力としての心と体の発達を考え、まとめました。子どもを愛し、輝かしい未来を実現できる一助になれば幸いと存じます。

元・大阪府立大学教授、元・桜花学園大学大学院教授　川原佐公

本書の特長

つづき

11か月

発達の流れ

＊食器やスプーンに興味を持ち始める
＊離乳食は1日3回
＊離乳食が完了してくる
＊好き嫌いや味の好み、食べ方がはっきりしてくる
＊スプーンは持っているものの、手づかみで食べることが多い

援助

＊丸飲み予防に、食材を小さくしすぎないようにする。かみつぶさないと飲み込めない大きさ・形に調理するのがポイント
＊「これはリンゴよ、おいしいね」などと優しく言葉をかけ、やりとりを大切にする
＊手で食べてもしからず、じょうずに食べられたら褒める

保育のポイント

ポイント❸
離乳食デビュー（おおむね5か月ごろ～）

乳食を始める5つの目安
押し出し反射（舌先に固形食を入れると押し出そうとする反射）が消失。
満5か月。（どの子どもにも受け入れられる月齢）
子どもが食事に興味を示すようになる。
授乳時間が一定している。（4時間間隔1日5回くらい）
体調がよいとき。

え始めは？
乳食の与え始めは、ドロドロ、ベタベタの軟らかい物をひとさじ与えることから始めます。特に初期の段階では、薄味に。食材は新鮮で、無農薬・無添加を心がけましょう。

保護者といっしょに
手づかみ食べで食べやすい大きさに
カミカミ期（9か月ごろ）になり、「自分で食べたい！」という意欲や食べる楽しさを大切にするには、手づかみで食べることが重要になります。家庭でも、卵焼きなどの食べやすく、手に持ちやすい物に工夫をしてもらえるよう伝えましょう。

食事 34

その1
各年齢の特徴がわかる！

０～５歳児それぞれの発達の特に重要な特徴を紹介。まず押さえておきたいポイントです。

その2
発達と援助の流れがわかる！

０～５歳児までの発達が見通せます。その発達に合わせた援助のしかたも掲載。いつ、どんな援助をするとよいのか、ひと目でわかります。

その3
保育のポイント

保育者のかかわり方や、遊び、手作り玩具、具体的な手順など、保育に必要な情報がたっぷり！

★…手順について説明しています。
…遊びを紹介しています。

その4
保護者といっしょに！

発達を支えるためには、保護者の協力も必要です。保護者にも伝えたい、知ってほしいことなども詳しく掲載。

発達を10のテーマに分けて紹介しています。それぞれに、6つの特長すべてが入っています。

6つの特長が イラストたっぷりでわかりやすい！ これで保育がバッチリできちゃいます！

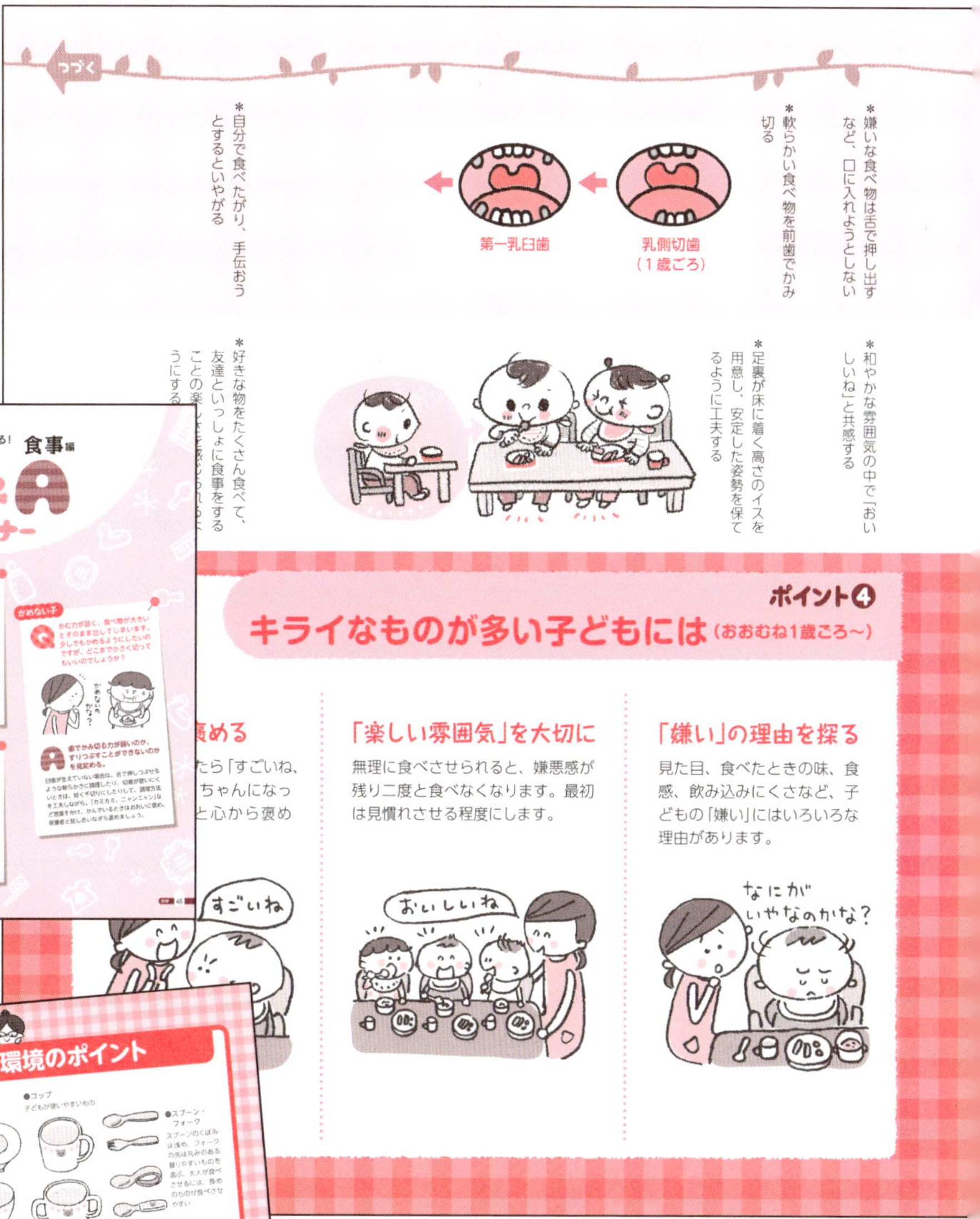

その5

現場発！

現場の先生方に聞いた、「どうしたら…？」を集めました。現場発だから、きっと知りたかったことのヒントがあるはず！

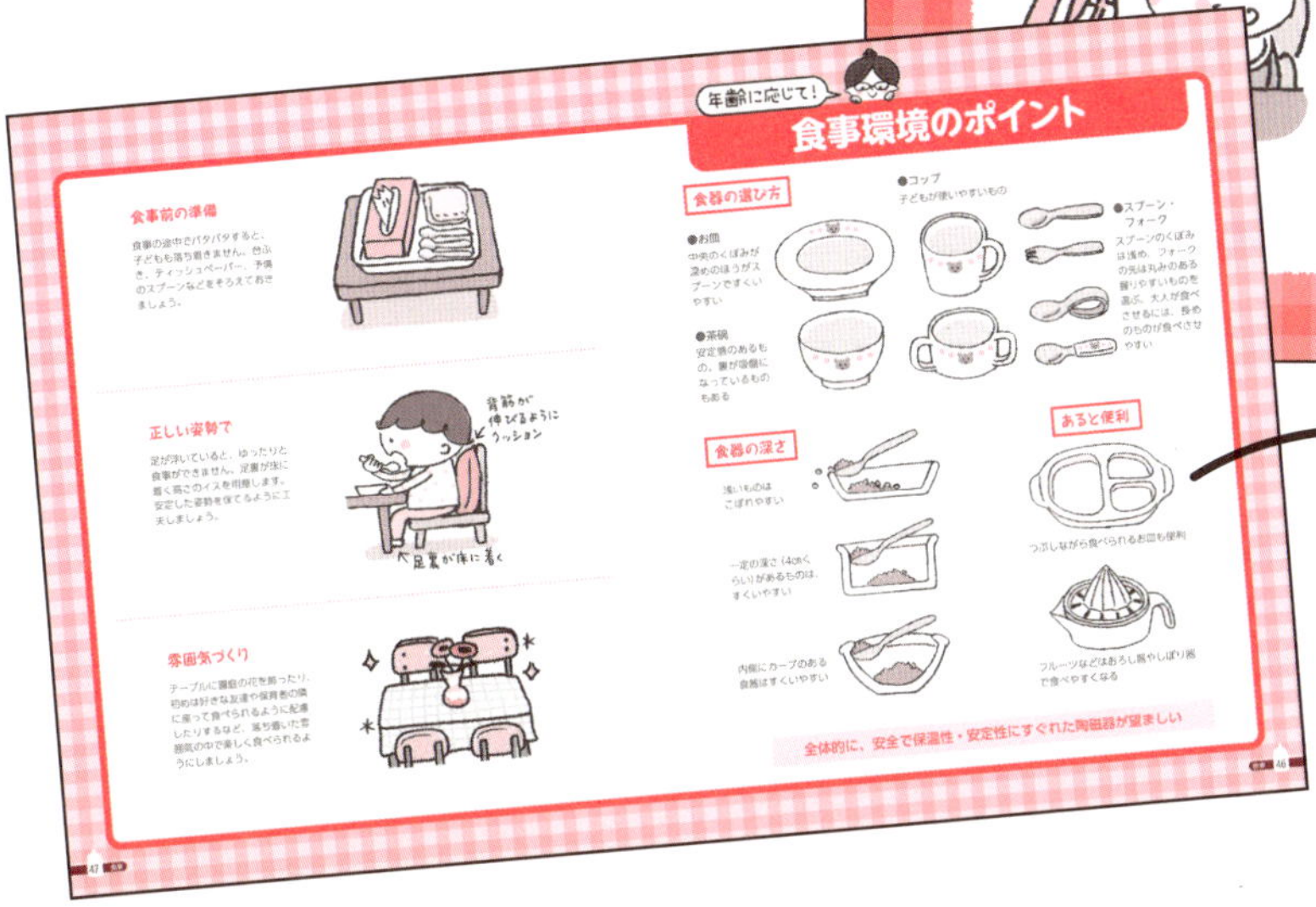

その6

環境もバッチリ！

それぞれのテーマにおけるオススメの環境構成についても掲載しました。

もくじ

★…手順について説明しています。　●…遊びを紹介しています。

★…手順について説明しています。 ●…遊びを紹介しています。

★…手順について説明しています。　●…遊びを紹介しています。

おはよう ございます

なにをたべるんだろう？

排せつ編

まずは「排せつ」に関する、年齢ごとの押さえを挙げています。
P.12からの解説を読むためのきっかけにしてください。

知っておこう！ **0歳児**

お乳を飲んだ後、そのつどオムツを替えてもらうことで、ぬれた気持ち悪さがわかり、泣いて知らせるようになります。

生後6か月未満の乳児は、膀胱《ぼうこう》に尿が一定量たまるとしぜんに排せつする時期であり、授乳後必ず排尿します。まだ泣いて知らせません。ぬれたときに「気持ち悪いね、替えましょうね」と声をかけられ、オムツ交換を繰り返してもらうことで、ぬれたときと、乾いたオムツのときの感覚がわかるようになります。投げ座りができるようになるとオマルに座ります。

知っておこう！ **1歳児**

排尿の間隔がほぼ決まってくるので、適切なことばがけなどでよい条件反射がつき、知らせるようになります。

ひとり歩きができるようになると、脳と膀胱との神経がつながるので、尿意を感じるようになり、態度や「シー」と言葉で知らせるようになります。オムツを外しオマルに座らせタイミングが合うと出るようになります。「出たね、気持ち良いね」などと認めたり褒めたりすることを繰り返すと、よい条件反射が身につきます。排便は顔つき・表情などを見て対応します。

知っておこう！ 5歳児

決まった時間に自分から排せつに行くようになり、マナーを守ります。

個室トイレではノックをしてから入るなど、社会生活に必要な習慣がわかってきます。スリッパをそろえる、排せつ後の手洗いの順序を守るなどマナーを心掛けるようになります。就学前の時期になると、トイレに行ってはいけないときを理解し、事前に済ませられます。

知っておこう！ 4歳児

排尿は早めに行なって汚さないように気をつけ、手洗いもします。

トイレの使い方など基本的なものがひと通り身につき、生活の区切りに自分から排せつするようになります。排せつ後の始末や衣服を整えることも介助なしでほとんど自分でするようになりますが、排便後のふき取りはまだ不十分なところがありますので、確かめが必要です。

知っておこう！ 3歳児

促されなくても尿意を感じたらひとりでトイレに行き、パンツを全部脱いで排せつするようになります。

生活の見通しが持てるようになり、食事前、午睡前、何かの活動をする前、散歩に出る前など「おしっこをしておこう」と自分で判断したり、保育者に促されて排せつを済ませたりするようになります。ほとんどの子どもがトイレで排せつしますが、足腰の発達に個人差があり、和式便器での姿勢が取れない子どもも見受けられます。個別の対応が必要です。

知っておこう！ 2歳児

膀胱に尿がたまったり、直腸に便が下りてきたりした不快感がわかり、排せつしたときの気持ち良さを完全に知ります。

膀胱の括約《かつやく》筋が強くなり尿が充満しても、少しの間がまんできるようになります。遊びに夢中で漏らす子どもが見られますが、尿意を感じたら言葉で保育者に知らせたり、促されてトイレで排せつできたりするようになり、気持ち良さを実感します。昼間はパンツで過ごせるようになり、夜寝るときもオムツ不要の子どもが多くなります。排せつ後、自分でふこうとします。

排せつにおける発達の流れ・援助と保育のポイント

おおむね 4か月

発達の流れ

※あくまでも目安です。発達には個人差があります。

（膀胱《ぼうこう》に尿が一定量たまると、しぜんに排尿が起こる（7か月ごろまで））

＊お乳を飲むたびに排せつする

＊炭水化物を摂取するようになると、便の色が暗褐色になる

援助

＊オムツ交換の前後は必ず手洗いをし、清潔にする（感染症予防）

＊オムツを交換する前に、「きれいにしようね」などと、きちんと言葉で交換することを伝える

＊尿だけの場合は、絞ったガーゼでよくふき、便の場合は、便が残らないように優しくふく

保育のポイント

ポイント❶ オムツ交換について（おおむね0歳ごろ～）

★オムツ交換のしかた

①オムツを外す

「オムツを替えましょうね」と必ず声をかけ、肌着を脱がしてオムツカバーを開き便か尿か確かめます。

②そっとふく

便の場合は柔らかいペーパーで前から後ろへ、そっとふき、軟便のときはぬらしたガーゼでふき取ります。

③新しいオムツと交換する

乳児の両足首を指で挟み持ち上げ、片方の手で腰を浮かせ、あらかじめ用意していたオムツを差し込みます。

腰を支えてオムツをおしりの下に入れます。足だけを持つと脱臼することがあります。

*オムツがぬれると泣き、替えてもらうと泣きやむ(1日の尿回数は減り、1回の量が増す)
（小便　1日　約10〜20回
大便　1日　約1〜4回）

*食事と排せつの間にはっきり間隔が生じ、排尿の時刻も一定化していく

*オムツを取り替えながら話しかけたり、ふれあい遊びをしたりする

*泣いて知らせたら「おしっこ出て教えてくれたのね」などと話しかけながら、交換する

*オムツかぶれの予防に配慮する

*下痢便のときは、使い捨てゴム手袋をして交換する

交換のタイミング

オムツが汚れたら、すぐに交換するのが基本。汚れたかどうかは、泣くなどのようすか、オムツの間に指を入れてみて判断します。ただし、たびたび調べるのは、子どもに余計な緊張感を与えてしまうので、気をつけて。

保護者といっしょに

オムツ替えは自立の基礎

排尿の1回の量が少なく、回数が多いので、泣かなければ取り替えない保護者もいます。乳児期のオムツ交換は排せつの自立の基礎になることをきちんと伝えます。

交換時の注意

●腹部を圧迫しない

腹式呼吸なので、オムツが腹部を圧迫しないように、へそが見える位置で留めます。

●皮膚のようすに注意

オムツかぶれに注意しましょう。かぶれている場合は、おしりを洗って清潔にし、保護者と相談のうえ、軟膏を塗るなどしましょう。

オムツかぶれの予防

- ●排せつがあれば、すぐにオムツ交換
- ●オムツをよく洗濯し(洗剤をよく落とす)、十分に乾かす
- ●温かい湯で絞ったガーゼで優しくふき、おしりを清潔にする(シャワーは刺激が強すぎることがあります)

発達の流れ

＊離乳食が始まると大人のような便になる

＊便が1日に1～2回と安定する

＊オムツ交換時に盛んに足を動かしたり、声を上げたりする

援助

＊離乳食が始まると、便の性状に注意する

〔便の性状〕
◇水様便…下痢便
◇コロコロ便…便秘便
◇つぶつぶが多い…不消化便

（▼P.33「食事」編ポイント参照）

＊オムツ交換のときを利用して、子どもとふれあうチャンスにする

＊玩具を渡すなどしてすばやく交換する

保育のポイント

ポイント2 気持ち良くオムツ交換を（おおむね0歳ごろ～）

いやがる子どもには

●交換前に声をかける

ゆったりとした姿勢で、「シー出たね、きれいにしようね」などと、声をかけます。

●1対1のかかわりのチャンス

交換時を利用して、おなかをマッサージ（へその周りを時計回りに軽くなでる）するなど、スキンシップを取って、気分を落ち着かせましょう。

赤ちゃん体操を行ないましょう

●かかとをくっつける
…足を裏向け、側面をくっつける

●保育者の顔を触らせる
…子どもが喜ぶとともに、子どもの両手が開き、腕が柔らかくなる

＊排便をすると、泣くこともある

〔膀胱が充満したことを自覚する段階（24か月ごろまで）〕

＊尿意を自覚する

＊投げ座りができるようになり、オマルに座っても安定する

＊ズボンを引っ張ったり、オマルを見たりして、動作で告げられる

＊個人差を考慮し、そばについてゆったり落ち着いた状態で接する

＊オムツ交換時に汚れていない場合、経験としてオマルに1分間ほど座らせてみる。いやがる場合は、無理に座らせようとはせず、ようすを見る

＊オマルに誘うときは、「アヒルさんがいるよ」などではなく、「オマルに座ろうね」と排せつが身につくような言葉をかける

ポイント❸

オマルに座ってみよう

（おおむね8か月ごろ～）

オマルに座るのはいつから？

投げ座りができるようになってから。そのころは、脳の神経支配が腰まで届き、座る不安感がなくなります。ただし、座らせても安定しない場合は、無理強いさせないように。

保護者といっしょに

オマルに座るのが苦手な子どもには

足腰の発達が弱い子どもは、不安からオマルに座る時期が遅れることがありますが、保護者には心配ないことを知らせ、焦らせないようにします。

座りたくなるように

便座には、カバーを付けて温かくするなどして、よい条件反射を引き出しましょう。

オムツからトイレでするまでの大切な過程

オマルは明るい清潔な場所に置き、安心して座れるようなしっかりとした物にします。

発達の流れ

＊保育者の「おしっこしようね」という声かけで、オマルに掛けさせると座り、出たらオマルをのぞき込んだり泣いたりなどの反応を示す

＊排せつがないとオマルをまたいだまま立ったり座ったりする

＊便器やオマルに座っているときは、なかなか出ず、降ろしたとたん緊張が緩んで出てしまうことがある

援助

＊不安がらないよう背中を支えたり、そばについたりし、出たときは「気持ち良いね」などと、そばで話しかけ、快さと結び付ける

＊成功したときは「すごいね」などとオーバーに褒め、自信が持てるようにする

保育のポイント

ポイント❹ オマルの時間を楽しく
（おおむね8か月ごろ～）

誘うタイミング

オムツ交換時に汚れていなくて、きげんが良いとき。また、食後やひとりひとりの排尿間隔を見ながら誘います。

オマルに座ったときは

●**持ち手をしっかりと持つ**

自分の体を手と足で支え、安定した姿勢であることを確かめましょう。

●**声をかけて促す**

「シー、シー」と声をかけて促し、タイミングが合って出れば、「出たね、よかったね」と褒めます。

遊びに夢中になっているときには…

お気に入りの玩具や好きな遊びができてくるころです。遊びに夢中になっているのに無理やりトイレに連れて行くのも考えもの。排尿感覚を把握して、排せつの習慣がつくまでは「気持ち良くなるよ！」などと言葉をかけて、オマルに誘いましょう。

＊「ウン（大便）」と「シー（小便）」とが、だいたい理解できてくる

＊排せつの間隔が定まってくる（1日に10回程度）

＊足で体を支える力はまだ弱い

＊尿意を感じたときには、大人に「シー」と意思表示をするようになる

＊「シー、シー」や「うんち」などとことばがけをして排せつと言葉を意識づけていく

＊前を押さえ「シー」と言ったときは褒め、出たのをいっしょに見る

ポイント❺

環境などの変化による不調に注意を
（おおむね1歳ごろ〜）

便秘

●なぜ便秘になる？

野菜や果物、油物などの摂取量が少ないことが原因のひとつとして考えられます。

●どのように援助をする？

ホウレンソウ、キャベツ、果物、ジャム、モモやミカンの缶詰の摂取などが効くようです。

※食物アレルギーに配慮しましょう。

かぜや下痢

かぜや下痢などで逆戻りしたときは、1〜2週間はようすを見て、オムツに戻して、もう一度やり直すなど、柔軟に対応しましょう。

頻尿

●なぜ頻尿になる？

排尿時に痛みや特別な事情などがない場合は、神経性の頻尿が考えられます。ただし、頻尿の子どもは意外と多いもの。個性もあるので、あまり深刻になりすぎずに。

●どのように援助をする？

保育者がかかわり十分に遊んで、不安や欲求不満の解消に努めましょう。

発達の流れ

＊漏らしたときには、「アーアー」と残念そうにする（膀胱の大きさや尿意には差があるので、長くがまんできる子どももいればすぐにおしっこがしたくなる子どももいる）

＊オムツを取るとたいへん喜び、歩行を中心に運動が活発になる

＊オムツが外れている子どももいる

援助

＊「残念だったね」と共感し、失敗してもしからず知らせに来たことを褒める

＊焦らずゆっくりと排せつの自立を目ざしていく

＊「漏らさないようにね！」などとプレッシャーを与えない

保育のポイント

ポイント❻ オムツからパンツへ
（おおむね1歳ごろ〜）

パンツをはかせる時期の目安

●歩行の開始

歩行することで脳の神経支配が足元まで到達して、膀胱に尿がたまることを感じ、括約筋の収縮もできるようになります。

●排尿間隔

膀胱に尿をためることができ、排尿間隔が１時間半〜２時間ぐらい空いてくるので、個別に誘いかけることができます。

●言葉を話し始める

喃語から一語文になるので、「オシッコ」と表現できたり、保育者の「おしっこするの？」の言葉が理解できたりします。

＊排せつを促されると自分でもパンツを脱ごうとする

＊トイレに興味を持ち、他児のしているようすを見ている

＊短時間ではあるが、体を支え、トイレに座れるようになる

＊漏らすと「シーシ」「タ、タ」と伝えにくる

＊「脱ごう」とする態度を見守り、ひとりひとりに介助する。時々、トイレにも座らせてみる

＊しからずに、失敗したら不快であること、排せつはトイレですること、もう少し早めに知らせることを話して聞かせ、新しいパンツに着替えさせ、快感を味わわせる

友達がパンツをはいているようすを見て

模様の付いた友達のすてきなパンツに興味を持ち、指さししたときなどに、「はいてみようか」と声をかけます。

紙パンツに楽しいイラストを

紙パンツの前面に楽しいイラストを描いて置いておくと、興味を持って足を入れたり、腰まで上げたりします。

保護者といっしょに

排尿間隔を共有しよう

子どもの性格や体質によって、排尿間隔に個人差があります。その子どもの特性に合わせて声をかけたり、いっしょにトイレに行ったりするよう保護者とも連携します。

タイミングよく誘う

子どもの排尿サイン（足をモゾモゾする、前を押さえるなど）と排尿間隔の情報を保育者間で共有し、タイミングよくトイレに誘えるようにしましょう。

発達の流れ

＊2歳を過ぎると括約筋が働いて、がまんできるようになってくる

＊大人が付き添っていれば、ひとりで排せつできる

＊排せつの前に「オシッコ」「ウンチ」と言葉で知らせ、ひとりでトイレに行く

援助

＊子どもの排尿サインを把握し、タイミングよくトイレに誘えるようにする

＊ギリギリまでがまんする子どももいるので、個別に時間を見て促す

＊知らせてきたことを褒め、トイレで出たことをいっしょに喜ぶ

保育のポイント

ポイント⑦

漏らした子どもへの対応（おおむね1・2歳ごろ～）

子どものプライバシーと自尊心を守る

漏らしたことが、ほかの子どもにわからないように配慮し、新しいパンツに替えましょう。また、ほかの人にはないしょにしておくことを伝え、自尊心を守ります。

原因を見つける

遊びに夢中になっていたなど、トイレに行けなかった原因を理解し、安心してトイレに行けるような言葉をかけましょう。

保育者は安心できる存在で

トイレに行きたくなったときや、漏らしてしまったときなど、子どもが安心して伝えに行けるような存在を心がけましょう。

つづく

*大便はほとんど漏らさなくなる

*排せつの後、手助けをされて紙を使う

*遊んでいて、尿を漏らしてしまうことがある

*おしっこを漏らしたことを保育者に知らせたり、自分でパンツを取り替えたりしようとする

*トイレの備品を整えておく

*トイレは常に清潔にしておく

*「ひとりでふけるようになったね」と子どもの気持ちを十分に満たし、状況に応じて手伝う

*活動の区切り目、おやつ、給食、目覚めなど、一定の時間に「おしっこ行こうね」とひとりひとりにことばがけをして習慣づけていく

ポイント8

トイレが使えるように（おおむね2歳ごろ～）

トイレの使い方

●洋式便器

イスに座るように便器の前で立ち、ズボンとパンツをおろして深く腰を掛けます。服のすそは、手で押さえます。

子どもへの伝え方

「家のと同じね」「便器の前で後ろになって、ズボン、パンツを下におろしてからイスに座るように腰掛けてね」

●和式便器（おおむね2・3歳ごろ～）

便器の中央で（印を付けておくとよい）またいでから、パンツとズボンをおろします。しゃがんでから、パンツとズボンをひざ辺りで持ちます。

子どもへの伝え方

「便器をまたいで印の所に立ってね。パンツをおろし、しゃがんでパンツを持つよ」

●立ち便器

便器に向かって両足を開いて立ち（印を付けておくとよい）、ズボンとパンツをおろして腰を前に突き出します。

子どもへの伝え方

「印の所に足を置いて、立ってね。ズボン、パンツをおろして、腰を前へ出すよ」

発達の流れ

*夜、オムツがいらなくなる子どもがいる

*排便後自分でふくこともあるが、後ろを見てもらう

*パンツを全部脱がずにおろして排せつができる

*食事や午睡前に進んでトイレに行く

援助

*排便を確認し、便の状態を見ておしりをふく

*ズボンのおろし方が不十分な子どもには、足首までおろすよう声をかけたり、手伝ったりする

*排せつの習慣を身につけているか、よく観察し、より確かなものにしていく

*衣服やトイレを汚さず、正しく便器を使うように伝えていく

保育のポイント

ポイント9

見通しを持ってトイレに行けるように
（おおむね3歳ごろ〜）

活動の合間に声をかける

戸外へ出かける、食事の前、集まる前などの活動の合間にトイレへ行くよう声をかけましょう。生活の見通しを持って自分からトイレへ行く習慣が身につくようにします。

トイレに行けたときは共感の声かけを

活動前に、進んでトイレへ行けたときには、「安心して散歩に行けるね」など、声をかけて褒めましょう。

目的場所や次の活動を知らせ、がまんできるように

活動途中で排せつしたくなっても、到着場所や活動時間の見通しがあればがまんできるので、そのことを話します。

＊オムツが取れない子どももいる

＊パンツの中に便をしたときは、保育者に知らせる

＊排便後、便器に水を流し、手を洗い、ふく

＊「トイレまでがまんしてね」と言われると、しばらくがまんできる

＊オムツをしている子どもには、友達から見えない場所でオムツ交換をし、自尊の気持ちを大切にする

＊知らせに来たことを褒め、「今度トイレでしようね」と言葉をかける

＊排便の後始末以外はすべて自分でするように援助する

＊排便の後始末は保育者に頼むように伝える

ポイント⑩

ひとりで始末できるように（おおむね3・4歳ごろ～）

ふき方

●女児の排尿後

前から後ろに向けてふく。

サポート①

後ろからついて行き、保育者がいつも見守るようにします。

●排便後

後ろに手を回して後ろへふく。

サポート②

きちんとふけたか保育者が確認し、必要ならしあげふきをします。

排せつ後は、水を流し、手を洗う習慣もつけましょう。

トイレットペーパーの使い方

右手、左手で交互に引き、ちょうどいい長さのところでちぎります。２回ほど畳んで使います。

保護者といっしょに

トイレ環境の情報を共有しよう

家のトイレと異なるので、使い方がわからないなど、家以外のトイレをいやがりがまんすることがないか、家庭でのようすを聞いておきましょう。

発達の流れ

おおむね4歳

＊生活の見通しを持って自分で排便、排尿ができる

おおむね5・6歳

＊ドアを閉めて排せつする

＊尿意を感じたら自分でトイレへ行く

援助

＊散歩途中に排せつをしたくなれば、全体行動にも影響し、本人にもつらいことを事前に伝え、友達とも注意し合って必ず排せつを済ませるように声をかける

保育のポイント

ポイント⑪ 自分からトイレに行けるように（おおむね4・5歳ごろ～）

活動のスケジュールを伝える

課題を持った活動や、食事前に主体的にトイレへ行けるよう、活動のスケジュールをよく伝え習慣づけます。

時刻で排せつする習慣をつける

５歳児クラスも後半になると、１日の流れを自主的に組み立て始めますので、自分たちで排せつに行く時刻を表記するようにします。

ポイント⑫ マナーを身につけよう（おおむね4・5歳ごろ～）

水を流し、手を洗う

排せつ後は、水を流したことを確かめるようにしましょう。また、手を洗ってタオルでふく習慣もつけましょう。

ドアを閉める、ノックする

安全面からもマナー面からも必ずトイレのドアを閉めてするようにしましょう。使用中を知らせるためでもあります。自分が入る前にドアをノックしましょう。

つづく

＊大便後の始末、女児の小便後の始末が大人の介助なしでできるようになる

＊トイレの水を流す、手を洗う、スリッパをそろえる、ドアをノックするなどのマナーが身につく

＊スリッパを自主的にそろえている姿などを見かけたら、「そうしておくと、次に使う人が助かるね！」とみんなで使う場を整えていこうとする気持ちや態度を認めていく

保護者といっしょに

共にマナーを守って気持ち良い生活を

家庭でもトイレの使用時にノックする、スリッパをそろえるなどを保護者が進んで実施し、子どものよい行ないを褒めるなどマナーについての意識を共有します。

マナーの大切さを話し合う

自分が周囲の人にどんなことをすれば迷惑か、どのような態度が受け止められるかなどを保育者、友達と話し合ったり、マナーを守る気持ち良さを味わったりします。

汚してしまったら

床や便器を汚してしまったときや汚れているのを見つけたら、保育者に伝えてもらうようにしましょう。保育者は、「教えてくれてありがとう。後の人が気持ち良く使えるようきれいにしておくね」などと伝えます。

年齢に応じて！

排せつ環境のポイント

自立援助のための トイレ環境（例）

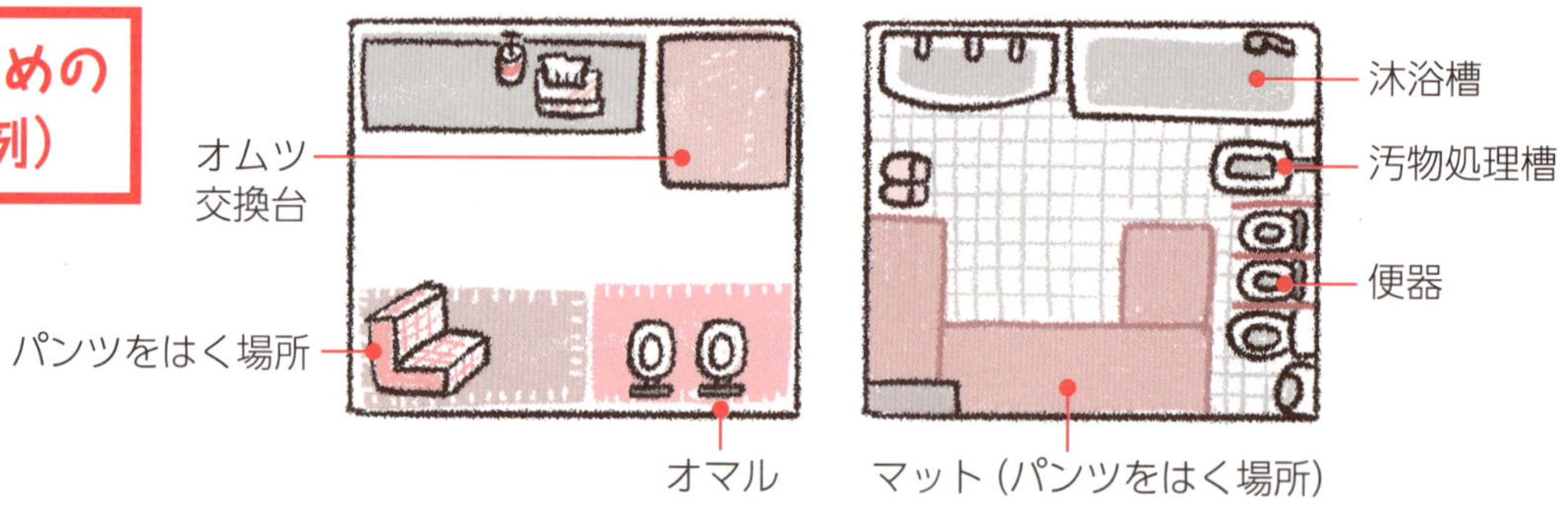

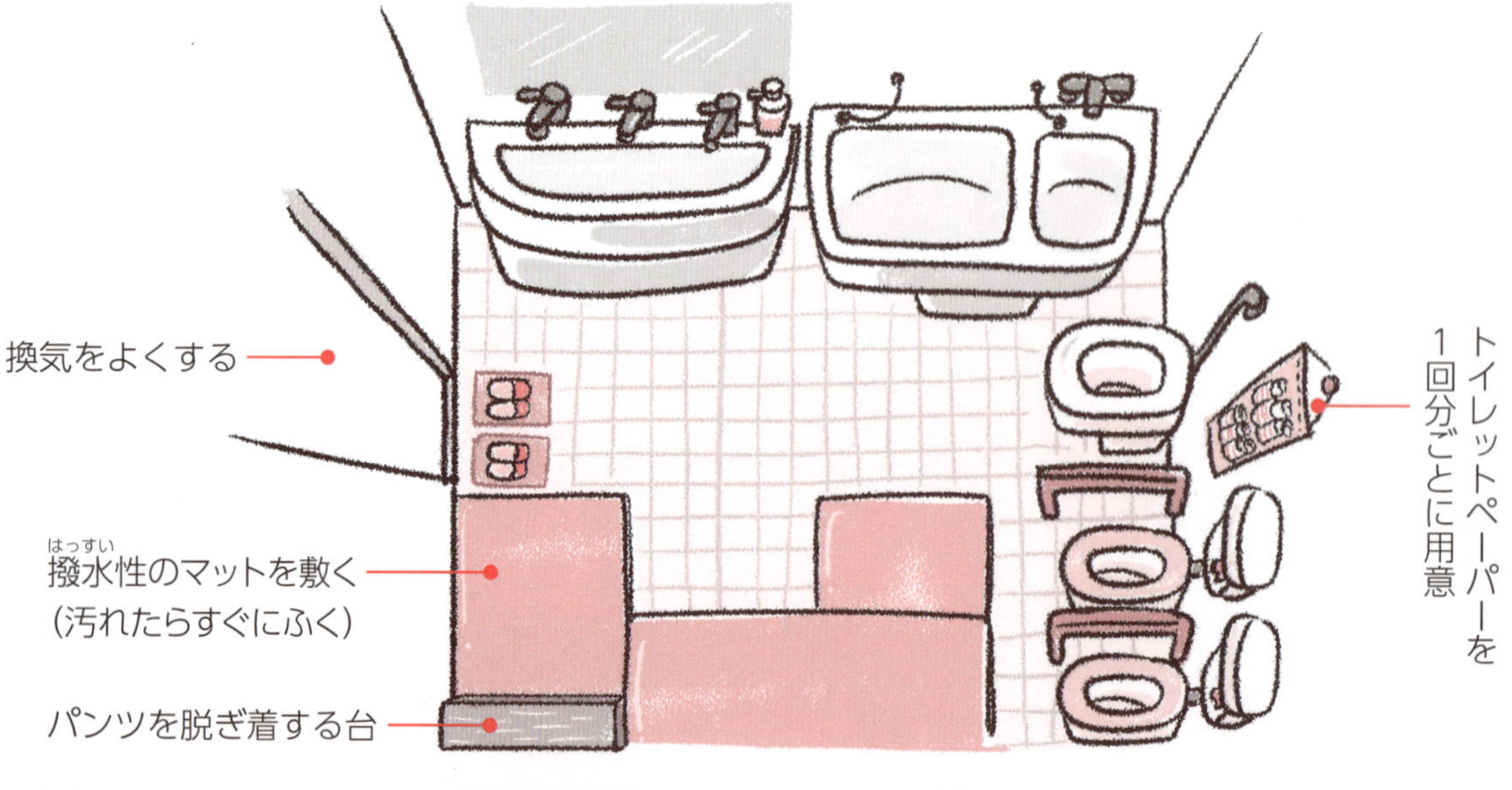

親しみやすい環境づくりを

●パンツを脱ぎ着する台

パンツを脱ぎ着するための、牛乳パックで作った簡易パンツ台などを置いておくのもよいでしょう。

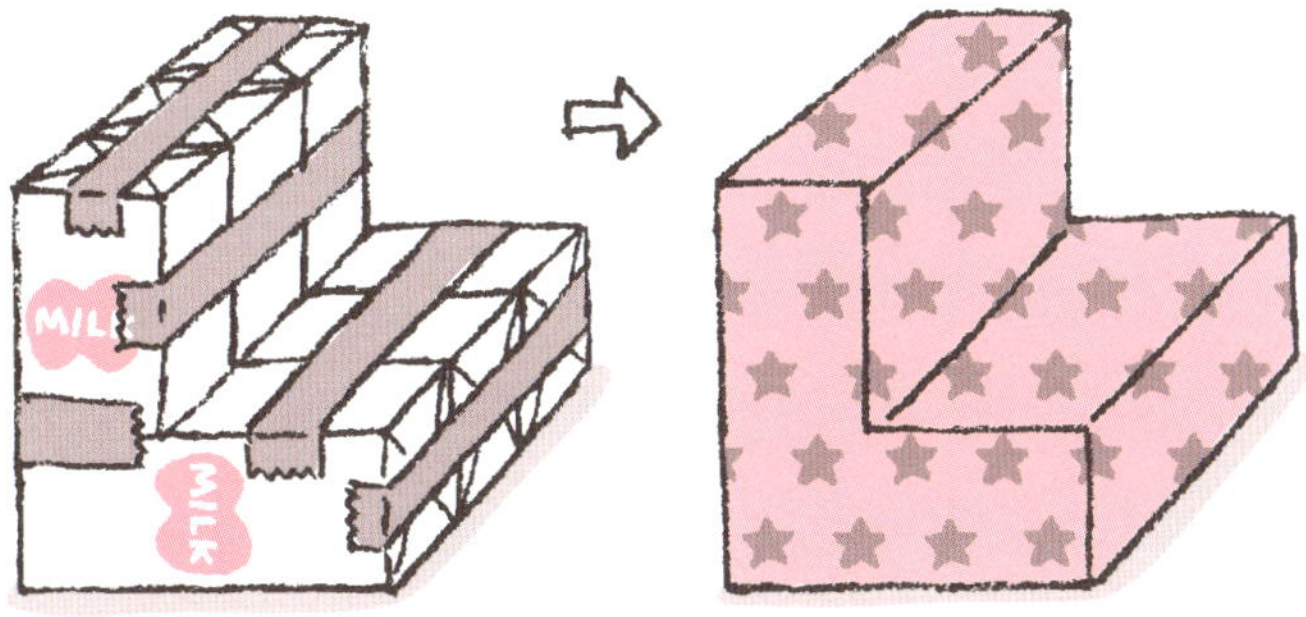

作り方

①牛乳パックを６個用意
②新聞紙を丸めて中に詰める
③Ｌ字型になるように並べる
④クラフトテープなどで固定
⑤上から適当な布をはり、でき上がり

●明るく楽しいトイレに

トイレへの不安から、がまんする子どももいるので、行くのが楽しくなるようなトイレの環境を心がけましょう。

●便座カバーで座りやすく

冷たいトイレは子どもがいやがります。床にマットを敷いたり、便座カバーを付けたりして、親しみやすくしましょう。

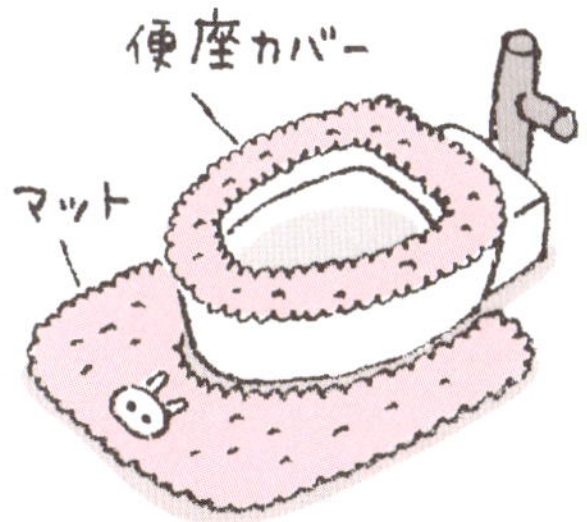

トイレットペーパーにもひと工夫を

●長さをわかりやすく

横に長さを示した絵をはって、使用する長さを示すといいでしょう。

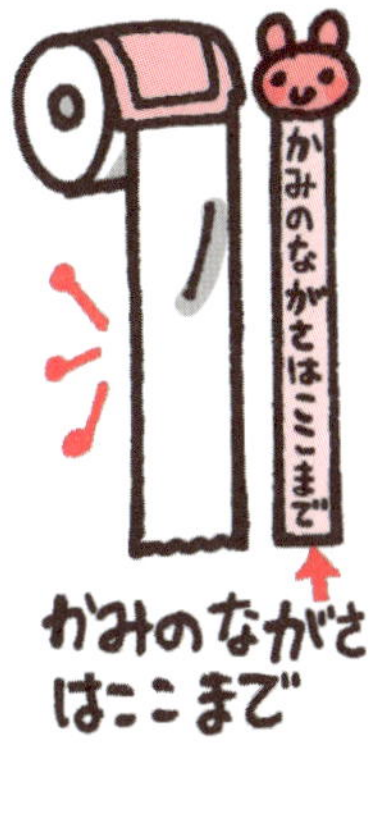

●低年齢児には

あらかじめ、１回分の長さに切って畳んだものを子どもが取りやすいよう、ウォールポケットに入れておきます。

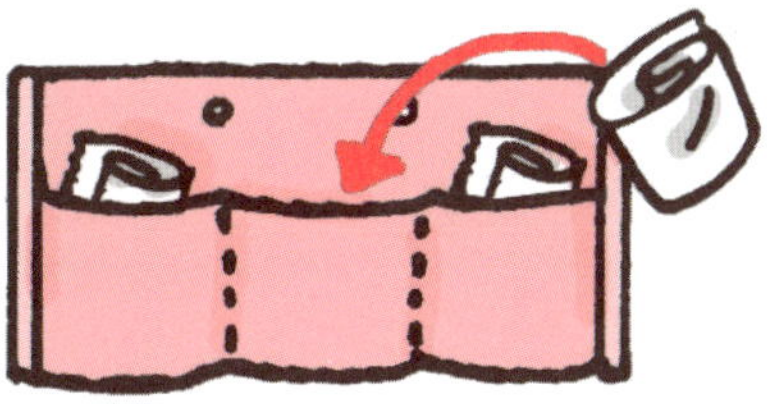

履き物をそろえる

トイレ用の履き物に必ず履き替えるようにします。終わった後は、次の人のことを考えて、決まった場所にそろえるよう伝えましょう。子どもにわかりやすいよう示しておくのもいいでしょう。

現場の悩みに答える！ **排せつ**編

Q&Aコーナー

オムツをいやがります

Q オムツを替えようとしたらいやがって逃げようとします。そんな子には…？

A **オムツを外した気持ち良さを言葉にして共感する。**

オムツを着けるとむれたり重たくなったり、赤ちゃんながら不快なもので、外されると気持ちの良いものです。逃げようとする思いに共感し、「気持ち良いね。すっとするね」などと声をかけながら、足や背中をマッサージしたり、足の屈伸運動をさせたりして落ち着かせましょう。

トイレに遊びに行きます

Q トイレに遊びに行きたがります。行かせてもよいのでしょうか？

A **興味を持ち始めた段階なので、見守りつつ自由にさせてみる。**

２歳までは子どもが遊び感覚ながらも、トイレでオマルなどに座るということを覚えていく段階です。興味を持ち始めたということですので、無理にやめさせるのではなく、保育者の目が届く範囲で、自由にさせてみましょう。

オマルに座らせている時間は？

Q おしっこが出るまで、オマルに座らせていてもいいのでしょうか？

A **出ないときは、タイミングが合わなかったので、降ろす。**

オムツを外してオマルに座らせるのは、子どもにとって新しい体験ですので、よい条件反応を形成する大切なきっかけです。温かい便座に安心して座らせることと、心地良い印象を持たせるためにも、おしっこが出ないときは「出ないね」と抱き上げて降ろしましょう。

保護者へオムツ外しを促すには？

Q 3歳児になってもオムツが取れないAくん。保護者にどのように協力してもらえればいいでしょうか？

A **歩行、走る運動能力を確認し、排せつとの関係を理解してもらう。**

3歳になると直立歩行や走る力がつきます。それは、脳の神経が足先までつながり、排せつをつかさどる神経支配が完成している証拠です。そのことを保護者に伝えて、自信を持ってもらいましょう。敏感期にしつける重要性を自覚して、オムツを外す決断を促し、具体的に援助を行ないましょう。

便器が正しく使用できません

Q 立ち便器に座ってしまったり、和式便器におしりを付けたりしてしまう子が…。どうすればいいですか？

A **体のバランスや、足腰の筋肉の発達状態を見極め、個別に援助を。**

立ち便器は、便器に向かって立ち、体を反らせて排尿しますので、つま先に力を入れることや、体全体のバランスが必要です。和式便器は、足腰の筋肉がついていないとしゃがむ姿勢ができません。どこが無理なのか、個別の発達を見極めて支えながら要領をつかませましょう。使い方がわからず、家のトイレ（洋式）と同様に座り込んでしまう子には、立ち便器、和式便器の使い方を教えるようにしましょう。

不慣れなトイレへの対応は？

Q 慣れていないトイレ（新入園児なら園のトイレ、遠足先のトイレなど）に行きたがらない子どもには？

A **園のトイレ、遠足先のトイレは不安があります。まずは見慣れさせることが大切。**

新しい環境は、子どもにとって不安なもので、特にトイレは怖いものです。まず、保育者が付き添い、どのような所か見せ、「見ていてあげるからね」と安心させて徐々に慣れるようにします。どこでならできるのか、よく聞いて無理をさせないようにしましょう。

いつも「オシッコ」と言っています

Q 一度トイレに行っても20分ともたず、年中「オシッコ」と言っています。

A **周りの大人が神経質にならないように。**

「家庭でのしつけのしすぎ」「保育者の気にしすぎ」になっていませんか？　年中「オシッコ」と言ったり、すぐもらしたりするような場合は心理的な頻尿が考えられます。周りの大人が神経質にならないように、保護者と相談し、しばらくようすを見るようにしましょう。

第2章

食事編

まずは「食事」に関する、年齢ごとの押さえを挙げています。
P.32からの解説を読むためのきっかけにしてください。

知って おこう！ **0歳児**

乳児期は1年で体重は3倍に、身長は25㎝伸び、脳も急速に発育するので、栄養摂取が重要です。

乳児の栄養源は、タンパク質、脂質、糖質などで消化・吸収がよいこと、免疫力が強いことなどから、母乳に勝るものはありません。また母子相互関係にも重要な影響を与えます。母親の就労などで保育園で保育する場合は、搾乳母乳持参か調整粉乳ですが、規則正しい授乳を行なえるメリットがあります。生後5か月ごろ唾液が出始めれば、離乳食を進めていきます。

知って おこう！ **1歳児**

乳歯が生えそろい、離乳食から初期幼児食になると、物をかんで食べる喜びを覚える時期を迎えます。

身体発育や生きていくためのエネルギーの補給を目的としていた食事が、ただ単に栄養素として物を食べるだけではなく、文化・人格形成としての食生活に切り替える重要な時期となります。直立歩行ができ、自分でイスに座って手づかみで食べる意欲が出てきます。1歳半を過ぎるとスプーンなどの食具を使って食べるようになります。

知っておこう！ 5歳児

体に必要な野菜、魚、肉類、果物の栄養的な働きや、必要な量、調理方法などに関心を持ち、食事をします。

味覚が発達し、食材や献立などに好き嫌いができますが、栄養上必要なことを理解しつつ食べる努力をするようになります。はし使いが巧みになり、豆をつまんだり、めん類を挟んだり、魚の身をほぐしたりすることができるようになり、マナーをわきまえて食べられます。周囲の人たちに気配りしつつ、食べるテンポを合わせ、一定時間内に食べ終えることもできるようになってきます。

知っておこう！ 4歳児

元気な体を作るために食べ物の大切さがわかり、食べ物の命をいただくことを感じるようになります。

食事を楽しく食べるようになり、食事の前に「いただきます」と言えるようになります。自然の恵みに対する感謝、食べることによって元気に生活できる感謝の祈りが込められています。食後の「ごちそうさま」のマナーも、作ってくださる方への感謝の気持ちとともに、生活の中に規律とリズムをつくるうえでも大切な習慣なので、身につけましょう。

知っておこう！ 3歳児

右手と左手が同時に違う動きができるようになると、片方の手で食器を持ち、はしを使って食事をします。

菜園の世話をしたり、収穫の喜びを感じたり、クッキングに参加したり、積極的に食事の手伝いをするようになります。手先の器用さが増し、食事のときには食材に応じてスプーン、フォーク、はしの食具を自分で選んで食べられるようになります。配ぜんの位置がわかって並べたり、食器の大きさを分類してかたづけたりして主体的に当番活動をするようになります。

知っておこう！ 2歳児

手指の巧《こう》緻《ち》性《せい》、目と手の協応性などの発達が進み、スプーンやフォークなどを使って食べるようになります。

食行為の自立は、生きていく基礎であり、人間社会の文化に適応していく自信につながる大切なものですが、２歳後半になると日本の食具である「はし」を使おうとするようになります。はしが使えることにより、食事の楽しさが倍増するので、美しく持てる基本を身につけていく大切な時期となります。食材の好き嫌いも出てきますが、好きな物から食べるようにします。

食事における発達の流れ・援助と保育のポイント

おおむね **3か月**

発達の流れ

※あくまでも目安です。発達には個人差があります。

＊2～3時間ごとに1日7～8回の授乳（1回の哺乳量は約120～150㏄）

＊おなかがいっぱいになると乳首を舌で押し出したり、顔をそむけたりする

＊湯ざましを飲む

＊吸う力が強くなってくる

＊乳を飲みながら、辺りを見たり、声を出したりして遊ぶ

援助

＊一定時間内（15分間くらい）に、ミルクを飲み干すように援助する

＊体重の増減に気をつける

＊1回ごとのミルク量を一定にし、しっかり飲ませる

保育のポイント

ポイント①

乳児期の食事
（おおむね0歳～）

ミルクの出ぐあいをチェック！

ミルクの出ぐあいを口もとから観察して、必要に応じてキャップの閉め方を調整しましょう。

ミルクの後には

縦抱きで背中を優しくさすり、排気（ゲップ）させます。

★ミルクの与え方

●温度と雰囲気に配慮を

手の甲や腕の内側などに1滴落として熱すぎないか確かめます。また、ゆったりとした雰囲気で与えましょう。

●話しかけながら

ゆったりと抱いて「○○ちゃん、ミルクどうぞ」などと顔を見て話しかけながら飲ませましょう。

おおむね 7か月

＊スプーンで湯ざましや野菜スープなどを口へ運ばれてもいやがらずに飲む（離乳の準備）

＊スープ状のものが食べられる（ゴックン期）→おかゆ、野菜の裏ごしが食べられる

＊離乳食の味がわかり始める

＊舌でつぶして食べる（モグモグ期）

＊離乳食は1日2回

＊下から歯が生えてきて歯と歯茎で食べる（カミカミ期）

歯の生え方

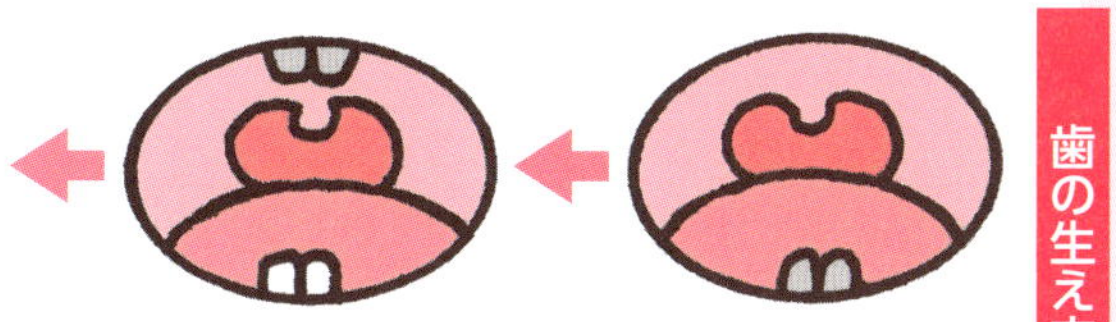

＊初めは、分量にとらわれず、口もとをぬらす程度与える

＊リラックスして「おいしいね」「ゴックンしようね」など笑顔で話しかけながら与える

＊便のようすも見ながら、焦らずに進める

ポイント❷

離乳食のテンポ（おおむね3か月ごろ～）

★離乳食の与え方

●3か月ごろ～（離乳の準備）

スプーンの感触に慣れるように、初めは野菜スープや湯ざましを分量にとらわれず、口もとをぬらす程度与えましょう。

●5・6か月ごろ～（ゴックン期）

唇をスプーンで刺激してから口を開かせて含ませます。ポタージュスープ状のものを1日ひとさじから始め、ようすを見ながら量を増やしていきます。

●7・8か月ごろ～（モグモグ期、カミカミ期）

軟らかく煮た固形の物を与え、「カミカミね」などと、言葉をかけながらかむことを促します。目安は1日2回。

保護者といっしょに

離乳のテンポを合わせる

離乳食の開始は、乳児の発達を見極めて園と同時に始め、連携を取って取り入れる食材、調理法などを、同じテンポで安心して進めていきましょう。

発達の流れ

＊食器やスプーンに興味を持ち始める

＊離乳食は1日3回

＊離乳食が完了してくる

＊好き嫌いや味の好み、食べ方がはっきりしてくる

＊スプーンは持っているものの、手づかみで食べることが多い

援助

＊丸飲み予防に、食材を小さくしすぎないようにする。かみつぶさないと飲み込めない大きさ・形に調理するのがポイント

＊「これはリンゴよ、おいしいね」などと優しく言葉をかけ、やりとりを大切にする

＊手で食べてもしからず、じょうずに食べられたら褒める

保育のポイント

ポイント③
離乳食デビュー（おおむね5か月ごろ～）

離乳食を始める5つの目安

①押し出し反射（舌先に固形食を入れると押し出そうとする反射）が消失。
②満５か月。（どの子どもにも受け入れられる月齢）
③子どもが食事に興味を示すようになる。
④授乳時間が一定している。（４時間間隔 １日５回くらい）
⑤体調がよいとき。

与え始めは？

離乳食の与え始めは、ドロドロ、ベタベタの軟らかい物をひとさじ与えることから始めます。特に初期の段階では、薄味に。食材は新鮮で、無農薬無添加を心がけましょう。

保護者といっしょに

手づかみ食べで食べやすい大きさに

カミカミ期（９か月ごろ）になり、「自分で食べたい！」という意欲や食べる楽しさを大切にするには、手づかみで食べることが重要になります。家庭でも、卵焼きなどの食べやすく、手に持ちやすい物に工夫をしてもらえるよう伝えましょう。

つづく

＊嫌いな食べ物は舌で押し出すなど、口に入れようとしない

＊軟らかい食べ物を前歯でかみ切る

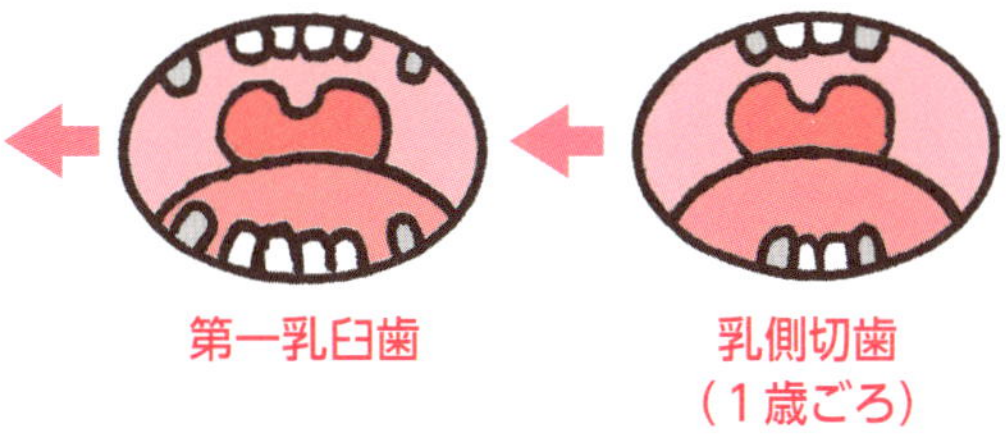

＊自分で食べたがり、手伝おうとするといやがる

＊和やかな雰囲気の中で「おいしいね」と共感する

＊足裏が床に着く高さのイスを用意し、安定した姿勢を保てるように工夫する

＊好きな物をたくさん食べて、友達といっしょに食事をすることの楽しさを感じられるようにする

ポイント❹

キライなものが多い子どもには（おおむね1歳ごろ～）

食べたら褒める

少しでも食べたら「すごいね、おにい（ねえ）ちゃんになったね！」などと心から褒めましょう。

「楽しい雰囲気」を大切に

無理に食べさせられると、嫌悪感が残り二度と食べなくなります。最初は見慣れさせる程度にします。

「嫌い」の理由を探る

見た目、食べたときの味、食感、飲み込みにくさなど、子どもの「嫌い」にはいろいろな理由があります。

発達の流れ

＊スプーンで食べ物をすくおうとするが、手首を返すのがうまくいかず食べ物が落ちてしまい、手で拾って口の中へ運ぶ

＊上唇で食べ物をスプーンから口の中へ入れる

＊口の中で食べ物を舌で動かしながら、奥のほうへ持って行く

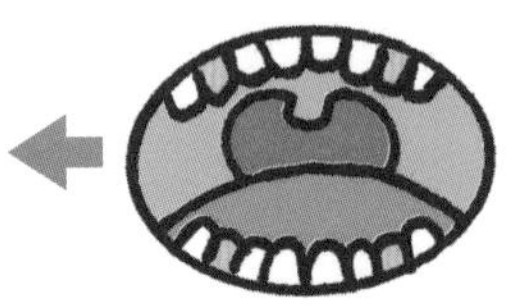

乳犬歯
（1歳6か月ごろ）

＊コップを両手に持って、スープ、お茶、牛乳などをひとりで飲む

＊食事の用意ができるのを待ち、促されて食卓につく

援助

＊スプーンですくいやすい大きさにして皿に入れる

＊無理強いしない程度に励まして食べさせる

＊初めは、プリンの空き容器などの取っ手の付いていないコップを使い、ひとりで飲めるようになったら、取っ手が両側に付いたコップを使う。その後、取っ手がひとつのコップにする

保育のポイント

摂食機能とは…食物を認識し、上唇で取り込み咀嚼《そしゃく》して舌の働きで唾液と混ぜ、飲み込む機能のことです。

ポイント5

摂食機能について（おおむね1歳ごろ～）

歯の機能

乳児は乳中切歯、乳側切歯、第一乳臼歯、乳犬歯、第二乳臼歯の順に生え、食べ物を切り取り、すりつぶし、飲み込めるように砕く働きをします。成長とともに食べられる物が増えてきます。

飲み込む力

食べ物を嚥下《えんげ》するまでには、4つの活動があります。

①唇を閉じる。
②軟口蓋《なんこうがい》が後方に動き鼻をふさぐ。
③気道を閉じる。
④食道の入り口が開き、飲み込む。

舌の機能

離乳前後では、舌の動きは前後運動が中心なので、とろみのある物を飲み、上下に動くようになると軟らかい塊を舌で押し出します。左右に動くようになると臼歯に運んでかむようになります。

舌や唇を鍛える遊び

擬音語をたくさん言って楽しみます。

唇の機能

食べ物が口に入ると、筋力で両唇を閉じ上唇でこそげ取ります。食べ物を押しつぶすときは口角が上下に引かれ、奥歯でかむときは左右に引かれ、食べ物が口からこぼれません。

舌や唇を鍛える遊び（3歳以上）

繰り返しのある絵本を読んで、いっしょに口に出して言います。

＊スプーンを上から握る子どもと、下からすくうように持つ子どもが半々くらいで持ち方に個人差がある

＊舌の上の食べ物を左右へ分けてモグモグと奥歯を使ってかむ

＊前歯でかみ切り小さくして、奥歯でモグモグとかめるようになる

＊「モグモグしようね」と保育者もいっしょにモグモグの口の動きを見せて、まねるよう促していく

＊子どもの自主性の発達を妨げないように保育者はあまり手を出さないようにし、見守る

ポイント❻

スプーンとフォークを使ってみよう①

（おおむね1歳ごろ～）

持ち方を伝える

●指や手首の発達に沿って

子どもの後ろから肩越しに腕を伸ばし、目の前で右手での持ち方を知らせます。

●子どもの横で

ひと口で入る分量をすくうことと、唇でこそげ取ることを知らせます。

★スプーンの持ち方

●持ち方の変化

保育者のことばがけ

上握り（1歳～1歳6か月ごろ）

手のひらで持ち手を上から握り込む

「これはスプーンよ。握ってごらん」

↓

下握り（1歳6か月ごろ～2歳ごろ）

柄の部分を下から握り込む

「口の中で手首をクルン、モグモグおいしいね」

↓

えんぴつ握り（2歳ごろ～）

柄の部分をえんぴつの持ち方で持つ

「唇を閉じてモグモグ。よくかんでね」

↓

はしを持つ（2歳ごろ～）

発達の流れ

＊器にバラバラに残っている食べ物をスプーンで寄せ集めてひとりで食べ終えることができる子もいる

第二乳臼歯
（乳歯の完成）

＊嫌いな物でも少しは食べようとする

援助

＊ひとりで最後までできにくい子どもには適切に介助する

＊子どもの気持ちを尊重し見守るが、時には「先生が見ててあげるからね」などと励ます

＊少しでも食べられたら、心を込めて褒める

保育のポイント

ポイント⑦

思うように食べられない子どもには（おおむね1歳ごろ〜）

お話は口の中の物がなくなってから

おしゃべりでこぼしてしまう子どもには、食べることに集中できるよう優しく声をかけましょう。

保育者のそばで

保育者がいっしょに食べ、持ち方などの見本を見せましょう。また、すぐに頼ってくる子どもには「だいじょうぶよ、使ってみようね」と励まします。

遊びの中で

指先を使った遊びを意識的に取り入れます。

つづく

＊時間がかかるので食べさせようとすると「ジブンデー」と言う

＊スプーンやフォークをじょうずに使えるようになる

＊スプーンを正しく握っている子どもを手本にしながら、徐々にはしの握り方に近い持ち方に変えていく

ポイント❽

スプーンとフォークを使ってみよう②（おおむね1歳ごろ～）

グリップを効かせて

スプーンやフォークを使いこなすには、手首のグリップを効かせる必要があります。砂遊びに興味を持つころ、スコップで砂をすくいコップに入れ、素早く返してプリンを作る遊びをします。

手助けは最小限に

手づかみもしながらスプーンで食べようとします。こぼしても介助されることをいやがります。スプーンですくいやすいように食べ物を小さく切るなど、工夫しましょう。

スプーンとフォークの使い分け

メニューによって、使い分けができるよう、スプーンとフォークを用意しておきます。

保護者といっしょに

スプーンは適当な時期に卒業を

はしに慣れないうちは、子どもはスプーンで食べたがりますが、ようすを見てはしで食べられるよう、家庭と連携しつつ、取り組んでいきましょう。

発達の流れ

＊スプーンを横向きにして口に運んでいたのが、真っすぐにしてじょうずに口の中へ運ぶことができる

＊左手を椀に添えてじょうずに食べられるようになる

＊食事量にむらがなくなる

援助

＊子どもひとりひとりのようすを見ながらはしへと移行していく

＊左手を椀に添えて食べるよう言葉をかける

＊「おいしく食べたね」などと言葉をかけ、食べる意欲が持てるようにする

保育のポイント

ポイント⑨

はしを使ってみよう（おおむね2歳ごろ〜）

★はしの正しい持ち方

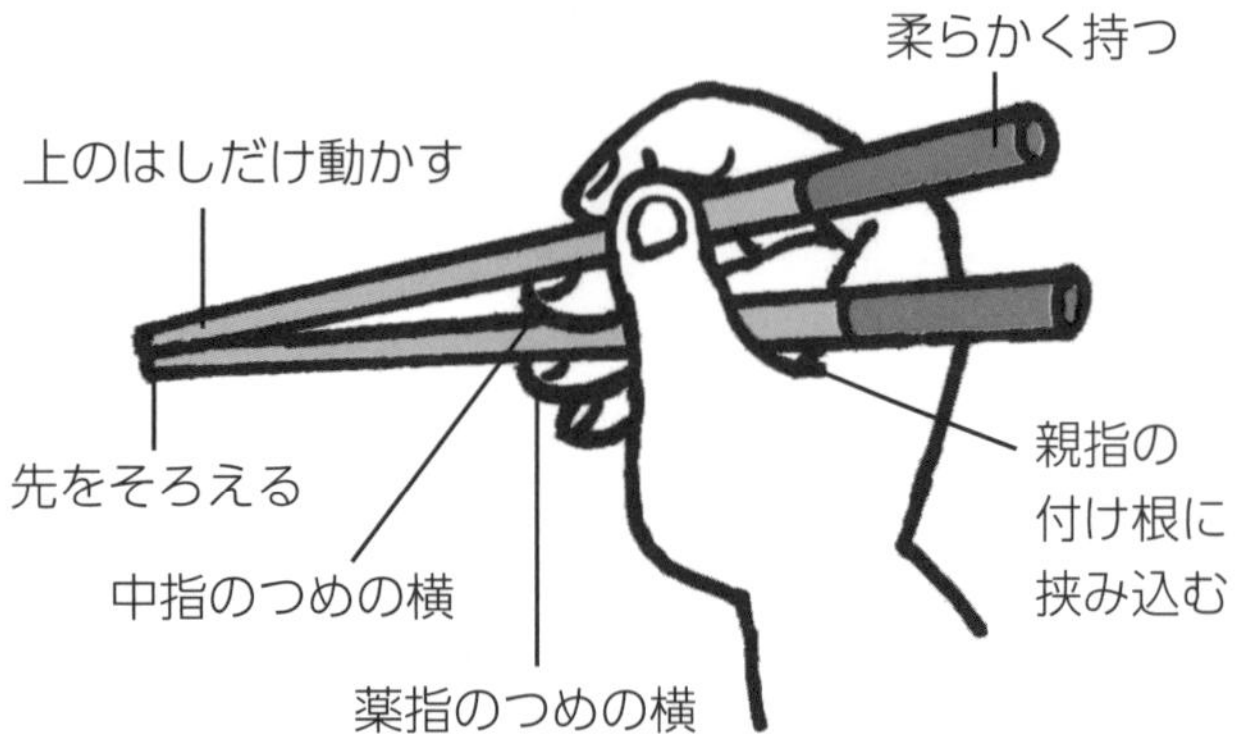

保育者のことばがけ

「おはし1本をえんぴつ持ちして、親指の付け根に載せてね。次に挟んだ指を上下に動かしてみよう。最後にもう1本のおはしを下から差し込むよ。これは動かさないでね」

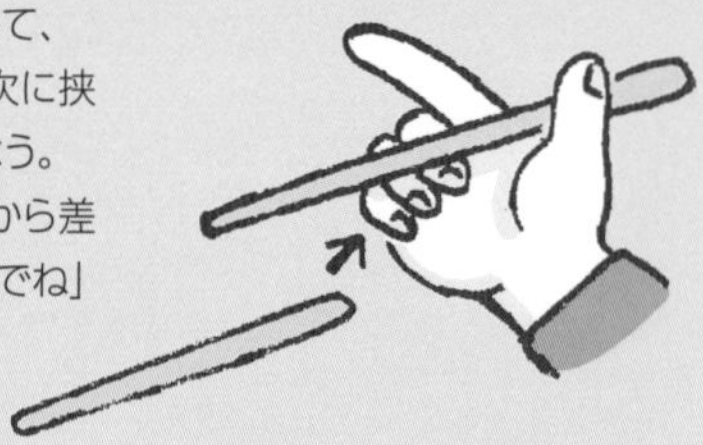

はしを使うときの約束

①はしを口にくわえて歩かない

②はしの先を友達に向けない

＊食事中のおしゃべりが多くなり、食べるのに手間取る子どもや、よくかまずに食べる子どもが出てくる

＊スプーンとはしを併用する

＊はしを持って食べられるようになる

＊おしゃべりよりも食べ物を見て食べるように促す

＊はし、食器の持ち方はひとりひとりに応じて手を添え、無理のないようにする

保護者といっしょに

マナー違反をやめるように

ねぶりばし、刺しばしなどのマナー違反をやめるように、家庭と情報共有をするなど、連携して進めていきましょう。

●ねぶりばし

●刺しばし

輪ゴムを使って練習

①指に掛ける

輪ゴムを親指とひとさし指に、8の字に掛け、ひとさし指側の輪ゴムの交差した内側に、はし1本を差し込みます。

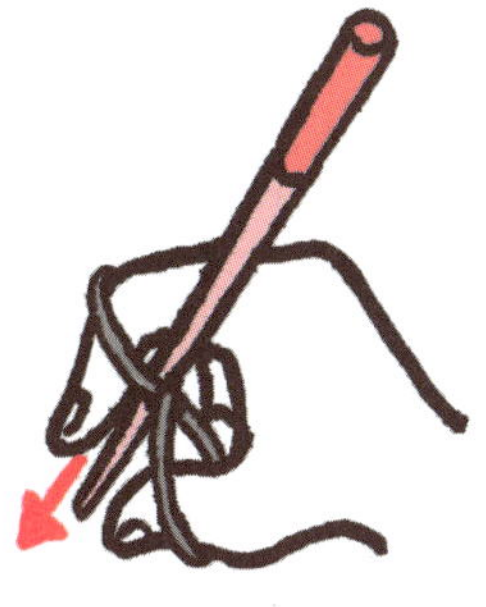

②はしを動かす

親指側の輪ゴムの交差した内側にもう1本のはしを差し込み、中指をはしとはしの間に入れ、上のはしを上下に動かします。

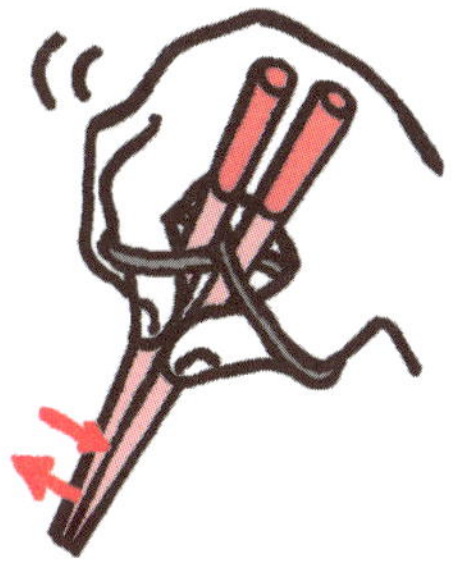

練習のポイント

えんぴつ持ちしたはしを親指で支え、ひとさし指、中指を使ってはし先を上下に動かします。下から差し込んだはしは先を持って固定します。

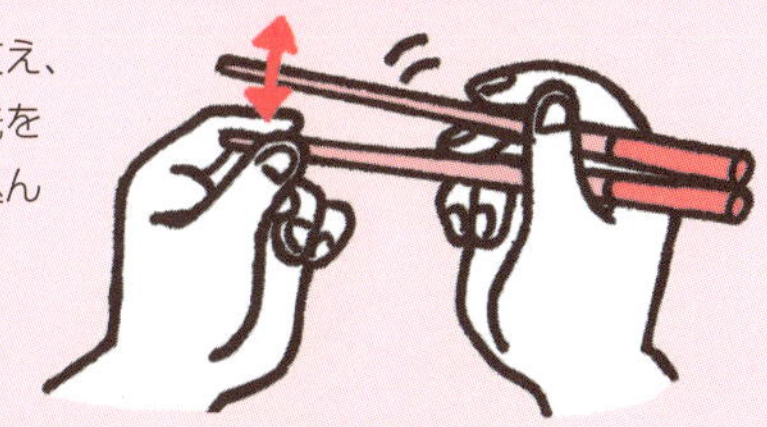

3 おおむね歳

つづき

発達の流れ

＊食事のマナーがわかってくる

＊はしを使ってじょうずにつまんだり、器の中の食べ物を寄せ集めたりできる

＊食前、食後のあいさつをして食べるようになる

＊片方の手で食器を持ち、はしを使って食事ができるようになる

援助

＊「お口に食べ物が入っているときはよくかんでね」「お話は口の中の物がなくなってからね」などと伝える

＊保育の中で意識的に手指が動きやすくなるような遊びを取り入れる
（▼P・116「運動機能」編ポイント参照）

＊友達とのかかわりの中で意欲を持たせる
↓じょうずにできた子どもを褒めることにより、子どもの間で意欲がわき、上達が早くなる

保育のポイント

ポイント⑩

器について（おおむね2歳ごろ～）

★器の持ち方

●持ち方の変化

器に手を添える

↓

両手で持つ

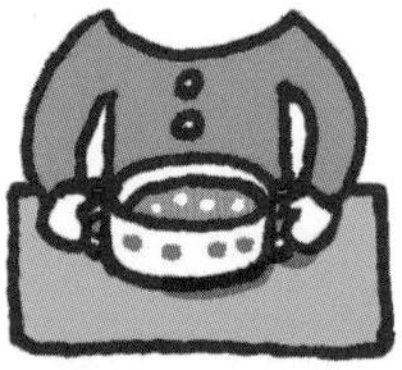

↓

器とスプーン（はし）を同時に持つ

扱いやすい食器

底が広くて安定している器を選びましょう。汁物やスープ類の場合は器の両側に取っ手があると持ちやすいです。

正しい配ぜんを

はしを持つ反対の手で食器を持って食べるので右利きの人の場合、主食は左、副食は右が適切です。汁物があるときは、汁物が右、主菜は奥になります。

持ち方を伝える

器を置いたままだと食べにくいことを知らせます。保育者がいっしょに食べ、持ち方などの見本を見せましょう。

＊食事前のテーブルをふいたり、食器を運んだりなど手伝いを喜んでする

＊配ぜんの位置が理解でき、正しく並べられる

＊少食なタイプの子どもと食欲おう盛なタイプの子どもの差がはっきりしてくる

＊少食の子どもは、原因を調べ無理に食べさせないようにする

ポイント⑪

食べることに意欲的な子どもに

（おおむね3・4歳ごろ～）

食事中のマナー

楽しく食事をするには、人に不快な思いをさせないマナーを約束させましょう。

- 食べ終わってから話す
- はしのマナーを守る
- 人のお皿の物を触らない

など

保護者といっしょに

食べることに集中しよう

テレビを見ながら食事をすると、食べることに集中できず、意欲に欠けることを伝えます。

お手伝い

●食事の準備

トレイ、おしぼりを配り、食べ物は運びやすい物を運びます。食事の準備やかたづけをすることで、調理してくださる方への感謝の気持ちを持てるといいですね。

●食事のかたづけ

同じ大きさ、形の皿や椀、コップなど種類ごとに集めると重ねやすいことを知らせます。また、たくさん重ねると崩れることを経験させ、適量が覚えられるようにします。

発達の流れ

＊苦手な物もがまんして食べようとする

＊菜園の世話をしたり、収穫をしたりと主体的に参加する

＊クッキングを喜んでする

＊しっかりかんで食べようとする

援助

＊少しでも苦手な物を食べられたときは、食べられたことをいっしょに喜ぶ

＊菜園の水やりや草取り、土をほぐす活動を通して植物の命を感じ取り、収穫の喜びを共有する

保育のポイント

ポイント⑫ 食材に興味を持つ（おおむね5歳ごろ～）

バランスよく食べる

食品をバランスよく食べることは、自分たちの体にとって喜びであり、また、元気に遊べるようになることを伝えましょう。

栄養のバランスを知る

●食べ物の赤・黄・緑

○赤グループ…血や筋肉を作る（肉、魚、卵　など）

○黄グループ…体を動かすエネルギーとなる（米、パン、イモ　など）

○緑グループ…体の調子を整える（野菜類、キノコ類　など）

●保育室に掲示して興味・関心を

右のような表と絵カードを用意しておき、それぞれが何色の食品群なのかを考え、テープなどで子どもたちがはっていくなど工夫しましょう。

保護者といっしょに

野菜は丸ごと食べよう

野菜は皮や汁にも栄養が詰まっています。できるだけ、丸ごと摂取するよう伝えましょう。また、旬の食べ物は栄養価が高く、おいしく、健康によいことも知らせましょう。

つづく

*食べ物と体との関係を理解し、食べ物の命を感じるようになる

*自由にはしを使いこなし、魚をほぐしたり、豆をつまんだりできるようになる

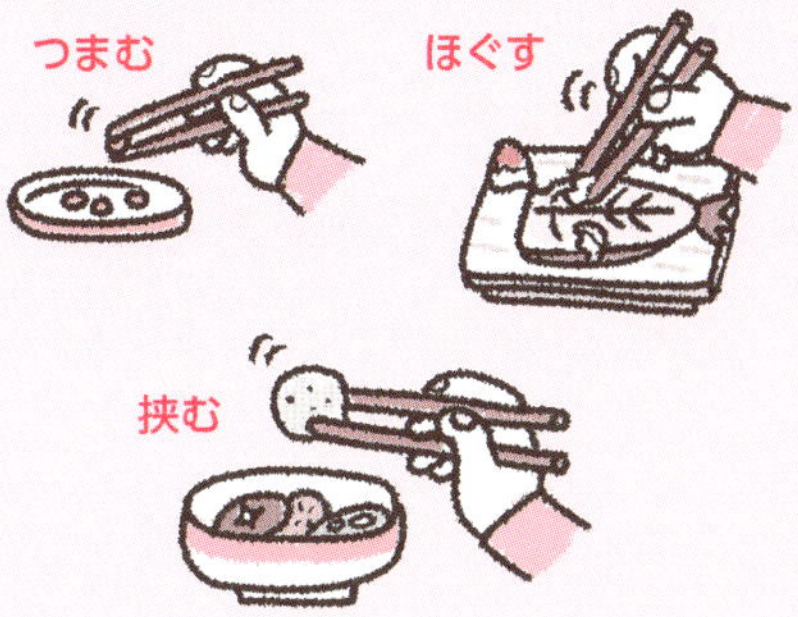

*菜園活動をすることで、旬の食材は栄養価などが高くおいしいことがわかる

*マナーをわきまえて、決められた時間内に食べる

*主食、主菜、汁物などをまんべんなく食べ、友達とテンポを合わせて時間内に食べるよう指導する

*食品をバランスよく食べることで、自分たちの体も喜び、元気に遊べることを伝える

クッキングを楽しもう

●クッキングの約束

＊調理前の手洗い
＊役割分担を明確に
＊調理具の扱い方、扱う場所を守る
＊火を使うときは、必ず保育者がいるところで使う

以上の約束を子どもに伝えます。クッキングを通して、人の手がどうかかわっているのかを知り、食事を作る達成感と満足感を味わいましょう。

●動線を考えた環境構成

野菜を洗う、皮をむく、包丁で切るなど、子どもの動線を考えて環境を構成する。

野菜の栽培、収穫をする

●栽培

野菜の種や苗を植え付け、毎日世話をすることで生長が実感でき、野菜と季節・気候との関係、人の労働との関係を知り、思いやりが育ちます。

●収穫

菜園の野菜類が世話をすることで日に日に生長することを知り、収穫の喜びを友達と共感し合い、命をいただくことに感謝します。

★包丁の持ち方

包丁の柄を握り、まな板に刃を直角に立てます。左手はネコの手のように丸くして食材を押さえ、手前に引くように切ります。

食事環境のポイント

食器の選び方

●お皿
中央のくぼみが深めのほうがスプーンですくいやすい

●コップ
子どもが使いやすいもの

●スプーン・フォーク
スプーンのくぼみは浅め、フォークの先は丸みのある握りやすいものを選ぶ。大人が食べさせるには、長めのものが食べさせやすい

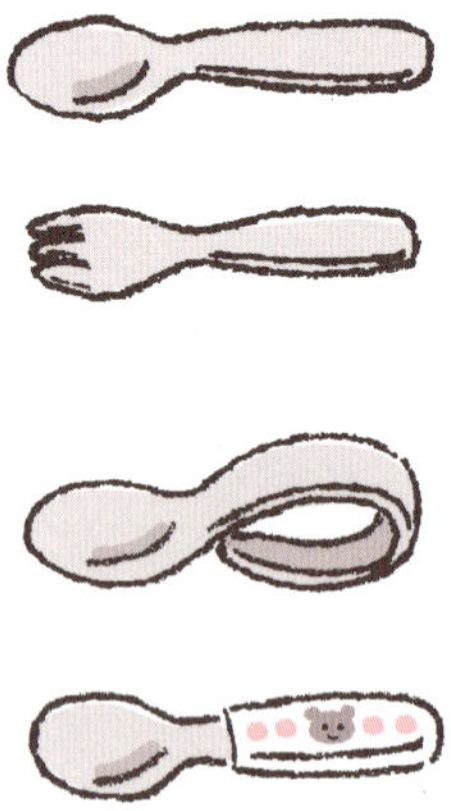

●茶碗
安定感のあるもの。裏が吸盤になっているものもある

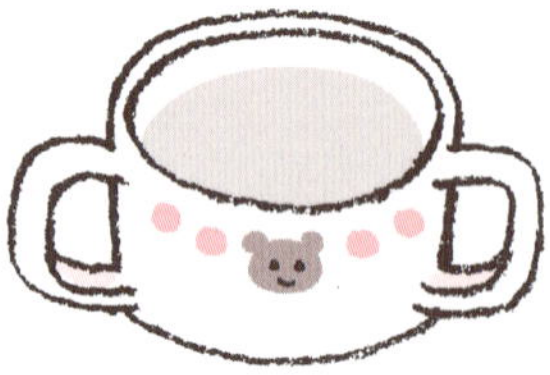

食器の深さ

浅いものはこぼれやすい

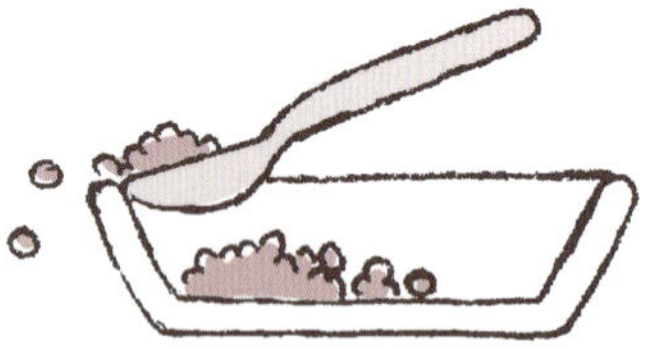

一定の深さ（4㎝くらい）があるものは、すくいやすい

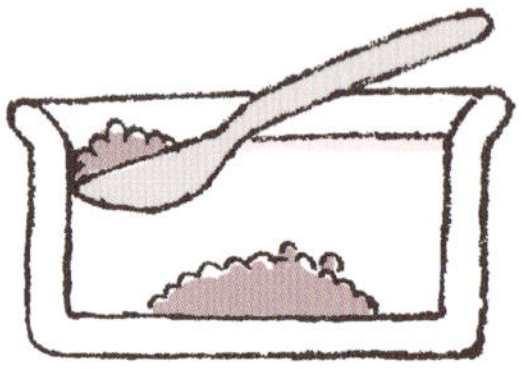

内側にカーブのある食器はすくいやすい

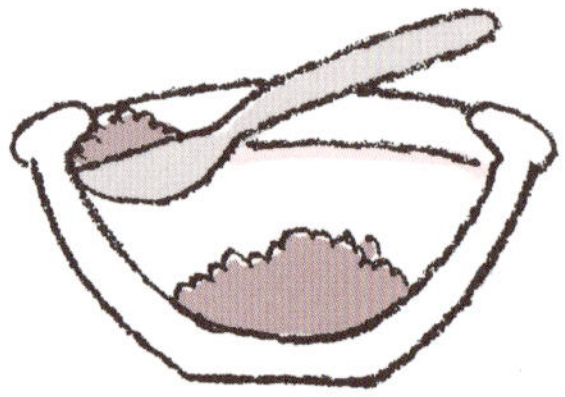

あると便利

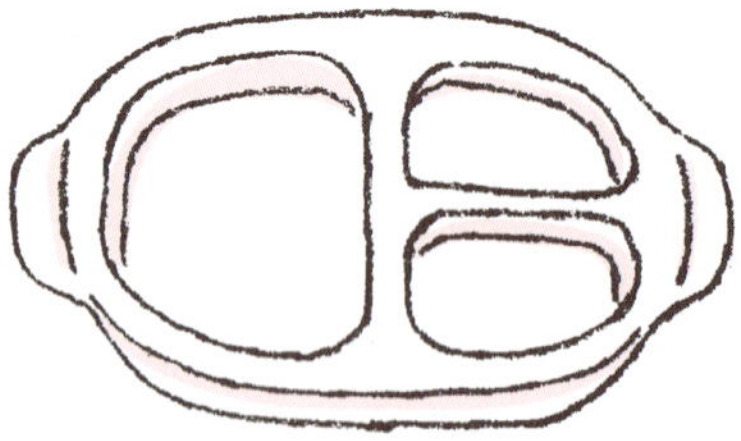

つぶしながら食べられるお皿も便利

フルーツなどはおろし器やしぼり器で食べやすくなる

全体的に、安全で保温性・安定性にすぐれた陶磁器が望ましい

食事前の準備

食事の途中でバタバタすると、子どもも落ち着きません。台ふき、ティッシュペーパー、予備のスプーンなどをそろえておきましょう。

正しい姿勢で

足が浮いていると、ゆったりと食事ができません。足裏が床に着く高さのイスを用意します。安定した姿勢を保てるように工夫しましょう。

雰囲気づくり

テーブルに園庭の花を飾ったり、初めは好きな友達や保育者の隣に座って食べられるように配慮したりするなど、落ち着いた雰囲気の中で楽しく食べられるようにしましょう。

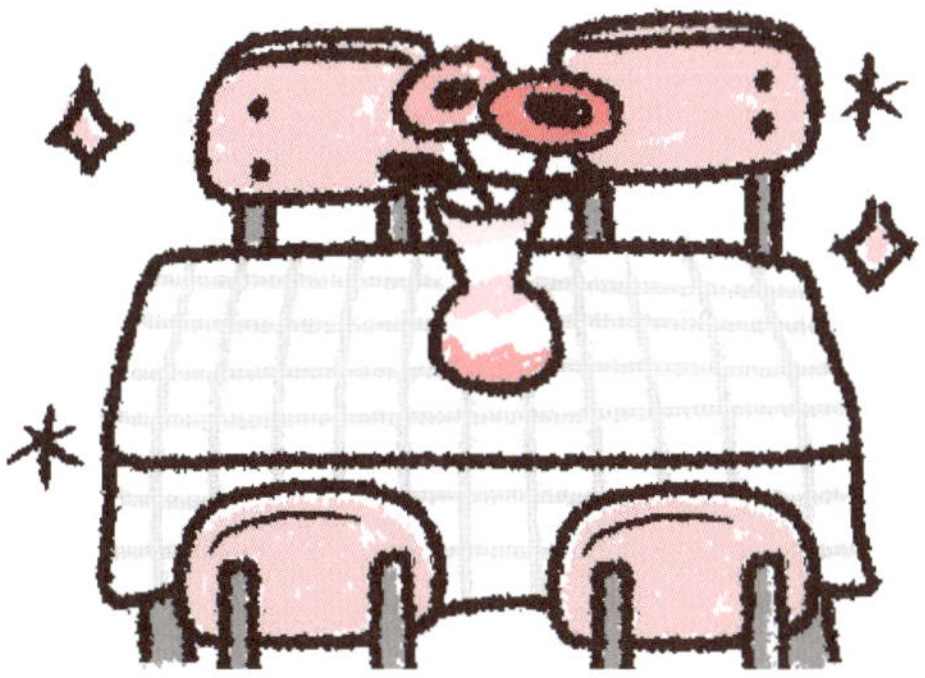

現場の悩みに答える！ **食事**編

Q&Aコーナー

欲しいだけ与える？

Q おなかはパンパンに膨れているのに、まだ食べたいと要求する１歳児のAくん。欲しいだけ食べさせてもいいの…？

A **「カミカミ、モグモグ」とよくかみ、時間をかけて満足感を。**

1歳児はよくかまないで飲み込み、まだ満腹感がわからないので、食べさせるとどんどん食べます。しかし、消化機能が未熟であり、胃の形も縦長であるため、食べすぎるとおう吐します。少しずつ口に入れ、「カミカミごっくんね」と言葉をかけながらよくかませましょう。

嫌いな食べ物が多い子には？

Q 嫌いな物が献立の中にあると、ほかの物も含め、まったく食べてくれません。どのように対応したら…？

A **舌触りがいやなのか、においがいやなのか、味がいやなのかを見極める。**

子どもの食べ物の好き嫌いは、初めて食べたときの感触がいやだった、苦みがあったなど、最初の印象に左右されることがあります。嫌いなのは食品の食感なのか、味なのかをよく観察し、いやな部分を取り除いたり、おもしろく食べさせたりするなど工夫をして、少しずつ与えましょう。

かめない子

Q かむ力が弱く、食べ物が大きいとそのまま出してしまいます。少しでもかめるようにしたいのですが、どこまで小さく切ってもいいのでしょうか？

A **歯でかみ切る力が弱いのか、すりつぶすことができないのかを見定める。**

臼歯が生えていない場合は、舌で押しつぶせるような軟らかさに調理したり、切歯が使いにくいときは、短く千切りにしたりして、調理方法を工夫しながら、「カミカミ、ニャンニャン」など言葉をかけ、かんでいるときはおおいに褒め、保護者と話し合いながら進めましょう。

食具の扱い方について

Q はしやスプーンなどの食具の正しい使い方をいつぐらいから、どう伝えればいいのでしょうか？

A **スプーンは手首が使えるようになったころ、はしは指先の器用さが見られるころから。**

指先の動きの発達には個人差が大きいですが、おおむね１歳半ごろからスプーンに興味を示し、握ろうとするので、手に持たせながら食べさせます。手首の使い方を少しずつ伝え、スプーンに慣れさせます。はしはおおむね２歳過ぎから正しい持ち方を知らせましょう。

手づかみ食べをします

Q 何度繰り返し言っても手づかみで食べる２歳児のＢちゃん。口に器を当ててかき込むことも。繰り返し伝えるしか方法はないのでしょうか？

A **手づかみでもひとりで食べる満足感を味わわせ、徐々に食具に移行を。**

手づかみで食べるのは、手の感触も味わえおいしいものです。しかし、食事、食具は文化であり、社会性を育てるには大切なものです。スコップで砂をすくったり、筆で絵を描いたり遊びの中で手首や指先を使う楽しさを感じさせ、器用さを判断して徐々に移行しましょう。

知っておこう！

食物アレルギーとは？

異物が体に侵入したとき、これを排除しようとするしくみが、かえって人体には有害な反応となるのがアレルギーです。

↓

なぜ幼児に多い？

消化吸収能力が未熟でタンパク質を十分に分解できず、粘膜での抗原侵入を防ぐIgA（免疫グロブリンA）のレベルが低く、体内に侵入したタンパク質を異物と認識するため、食物アレルギーが多いのです。

↓

原因になりやすい食物とは？

主に、鶏卵、牛乳、小麦、大豆、米、そば、エビ、カニなどです。症状としては、アナフィラキシーショック、じん麻しん、皮膚炎、血管運動性浮腫、おう吐、下痢、腹痛、ぜんそくなど、さまざまあります。

保護者といっしょに

重要なアレルギー検査

特定の食物にアレルギーを持つ子どもが増えています。保護者には、必ず病院でアレルギー検査を受け、結果を知らせてもらうよう、お願いしましょう。

第3章

睡眠編

まずは「睡眠」に関する、年齢ごとの押さえを挙げています。
P.52からの解説を読むためのきっかけにしてください。

知っておこう! 0歳児

1日のほとんどを睡眠で過ごしますが、徐々に睡眠と覚醒のリズムが現れます。

0歳前半は、睡眠と覚醒の区別がつかず、体は深い眠り、脳は浅い眠りでまどろんで過ごします（レム睡眠）。3か月～4か月になると全睡眠時間は14時間、7か月以降は成長ホルモンが多くなるノンレム睡眠（深い眠りで、脳も体も休んでいる状態）が現れ、熟睡します。目覚めているときには玩具を見せたり、ふれあい遊びなどをしたりすると、徐々に覚醒中枢が働くようになります。

知っておこう! 1歳児

1歳の前半は歩行を開始し、運動量が増えるため、午前睡の必要な子どもが多くいます。

夜間の睡眠時間は約9時間30分、1日の全睡眠時間は12時間ぐらいですが、前半はまだ脳の覚醒中枢が未発達なうえに歩行開始で疲れやすいので、午前睡と午睡が必要です。しかし目覚めているときに十分に探索活動をする後半になると、知的好奇心の芽が育ち、運動感覚を活発に使うようになるので夜熟睡し、午睡だけになります。

知っておこう！ 5歳児

覚醒中枢が発達して昼間十分に活動し、睡眠の大切さをよく理解し、夜は熟睡します。

家庭での寝る前の排せつ、歯みがき、パジャマの着替えなどが自立し、早寝、早起きの習慣を身につけるようになります。寝る前の「おやすみなさい」寝起きの「おはようございます」のあいさつが自主的にできるようになります。夜尿はほとんどしなくなります。園での午睡は延長保育や寝たい子どもには必要ですが、休息を取ることで午睡に代えることが多いです。

知っておこう！ 4歳児

ノンレム睡眠が増加し始め、寝入りばなの成長ホルモンの分泌量が最高になります。

呼吸・循環器系の発達、機能が安定し始め、脳を休める深い眠りが多くなります。午睡の準備の着替え、目覚めた後の身じたくをひとりでできるようになります。体力や家庭での睡眠時間の差などで、午睡しにくい子どもがいますが、４歳児は自意識過剰になったり自制心が強くなったりして、精神的に疲れやすいので休息のためにも午睡します。

知っておこう！ 3歳児

午睡前、周囲の状況が見えてくるようになり、気持ちを落ち着けて静かにします。

３歳になると夜中に目覚めてぐずらなくなり、一晩中ずっと眠るようになります。これは睡眠誘発作用を持つメラトニンというホルモンの分泌がピークを迎えるためです。全体の睡眠時間が約11時間になります。午睡時間になると友達が寝ようとしているのがわかり、自分から「眠い」と訴える子どもも出てきます。

知っておこう！ 2歳児

睡眠、覚醒の周期をつかさどる生体リズムがつきやすい時期になります。

睡眠時間の目安は、1日11～12時間、そのうち午睡は１～２時間です。この時期は感覚や運動、情緒の発達、分化が急テンポで進みますので疲れやすくなり、活動エネルギーの回復、蓄積のため睡眠が重要になります。成長ホルモンの分泌が盛んな夜の11時ごろノンレム睡眠が現れ熟睡し、朝決まった時間に目覚める習慣がつけやすくなります。

睡眠における発達の流れ・援助と保育のポイント

おおむね 1か月

発達の流れ

※あくまでも目安です。発達には個人差があります。

＊1日に20～22時間寝る

＊目覚めると泣く

＊1日当たり授乳時以外の15～20時間ほどはまどろんでいる。4～5回に分けて睡眠を取る（3か月ごろまで）

援助

＊眠っている間も子どものようすに注意する
●吐乳《とにゅう》していないか？
●布団が掛かりすぎていないか？
●汗をかいていないか？
など

＊発汗に気をつけ、頭の下のタオルを替えたり、汗をそっとふき取ったりする
※発汗がひどい場合は着替えさせる

保育のポイント

ポイント❶

SIDSに注意！（おおむね0歳～）

SIDSって？

SIDSとは「乳幼児突然死症候群」とも呼ばれ、寝ている間に急に亡くなってしまう病気です。はっきりとした原因はまだわかっていませんが、生後7か月ごろまでに発症しやすいようです。

SIDSの予防のために

●うつぶせで寝かせない

医学上の理由でうつぶせ寝をさせる必要がある以外は、あおむけで寝かせましょう。うつぶせ寝はあおむけ寝に比べて発症率が高いというデータがあります。

●健康状態の確認を大切に

乳児の朝の受け入れのときの検温、健康状態の観察、家庭との連絡を十分に取り、予防しましょう。

毛布テストの実施

子どもをあおむけに寝かせ、顔の上にガーゼやタオル、薄い布などをかぶせ、首を振って払いのけるのに何秒要するのか、などを記録するものです。この記録が、万が一SIDSが起こってしまったときの証拠資料にもなり得ます。

*1日の睡眠時間が合計14時間くらいになる

*日中3～4回の睡眠を取る。睡眠リズムはひとりひとり異なる

*昼夜の区別がつくようになり、ぐずらないでぐっすり眠れるようになる

*抱いて寝かせていて、眠りが浅いときベッドに移すと、目を覚ますことがある

*ひとりひとりの睡眠のリズムに合わせて対応する

*授乳後は、吐乳する場合があるので、すぐに寝かさない

*睡眠との間を少し区別するように、目覚めているときなどは抱く

ポイント❷ 心地良い眠りを（おおむね4か月ごろ～）

入眠への誘い方

●特定の保育者がそばにつく

安心して眠れるように愛着関係のある保育者がそばにつき、軽く手を握ったり、さすったりして眠りにつかせます。

●だっこをし、安心して眠らせる

情緒不安で寝つきのよくない子どもは、だっこをして安心させます。体温が上がり、眠りについたら、ベッドへ移しましょう。

●睡眠のようすを確認

10～15分に1回、定期的に睡眠中（昼寝）の子どものようすを確認しましょう。特に、寝返りをするようになれば、うつぶせになっていないか注意します。また、ベッドの周りにパウダーやビニール袋などがないかも注意します。

●環境の整備

硬めの敷き布団に軽い掛け布団にします。薄着で寝かせ、過剰に暖房を効かせるのはやめましょう。ベッドの枠には毛布や布団を掛けないようにしましょう。

発達の流れ

＊全体の睡眠時間が13～15時間くらいになる

＊午前睡と午睡をするようになる

＊寝返りができるようになる

＊目覚めたことを、何らかの形で知らせようとする

援助

＊目覚めているときはしっかり目覚めさせるように、ふれあい遊びなどをする

＊ひとりひとりを必要に応じて抱いたり添い寝をしたりして寝るようにする

＊睡眠中は絶えず気を配り、眠ってから10分以上は目を離さないようにする

保育のポイント

ポイント③ レム睡眠とノンレム睡眠
（おおむね6か月ごろ～）

睡眠中、脳から成長ホルモンが分泌されます。脳をはじめ、子どもの発育促進に大切なホルモンです。

乳児期

乳児期はほとんどがレム睡眠（※1）です。レム睡眠を多くして、脳を活発に活動させることで、脳の発育を助けています。成長とともに、睡眠は日中の疲れた体や脳を休める役割となっていきます。

※1＝脳が活動していて、目を閉じた状態で眼球がすばやく動いている状態。

幼児期

ノンレム睡眠（※2）が増えます。毎晩深い睡眠であるノンレム睡眠が十分に取れていれば、成長ホルモンがたくさん分泌され、子どもの発育を促進します。成長ホルモンは昼寝中には分泌されません。

※2＝脳が休んでいて、眼球が動かない状態の深い眠り。

＊眠たくなるとぐずったり、しぐさで知らせたりするようになる

＊抱かなくても添い寝をすると眠れるようになる

＊昼夜の区別がはっきりしてくるとともに、午睡の時間が一定してくる

＊成長ホルモンの分泌が多くなるノンレム睡眠が現れることで、熟睡するようになる

＊「ねんねしようね」と、眠ることを言葉で意味づけし、おやすみのあいさつを動作で行なうようにする

＊目覚めたときは保育者がそばにいて、安心感を与える

ポイント4 心地良い睡眠と目覚めを
（おおむね6か月ごろ～）

生活リズムは目覚めから

長時間の午睡は、夜の就寝時間にも影響します。「早寝・早起き」のリズムを崩さないように起こしましょう。

子守歌やハミング

寝つきの悪い子どもには、ゆったり抱いたりおんぶをしたりして、子守歌を口ずさむと、心を落ち着かせ、眠りに誘うことができます。

眠りの状態をよく観察する

目を閉じた状態で眼球が動いているときは、眠りが浅いレム睡眠です。このようなときに声をかけると、心地良く目覚めます。

保護者といっしょに

添い寝について

添い寝が習慣になると、常に大人がついていないと子どもが不安になるため、夜は添い寝をしないよう保護者に伝えましょう。また、大人の体が圧迫して事故につながる可能性があることからも、添い寝は避けたいものです。

発達の流れ

＊夜間の睡眠時間が9時間30分、全体の睡眠時間は12時間くらいになる

＊1歳の前半は、歩き始めて運動量が増えるため、午前中に眠たがることがある。そのため、たびたび場所を選ばずに寝てしまう

＊耳をかいたり、目をこすったりと、眠くなる前に決まった動作をする

援助

＊保育室の睡眠環境を心地良いものとして整え、子どもが眠りにつきやすいようにする

＊目覚めの時間は個人差があるので、その子どもに合わせてゆっくりと起こしたり、早く起きた子どもは静かに遊ばせたりする

保育のポイント

ポイント⑤ 生活リズムをつくる（おおむね1歳ごろ〜）

戸外で過ごす時間を大切に

●心地良い疲労感を

戸外で過ごす時間を多く持つようにしましょう。戸外で過ごす時間を豊富に持つと、心地良い疲労感からスムーズに入眠しやすくなります。

●戸外で外気浴をする

よく晴れた午前中にベビーカーに乗せ、戸外で心地良い風に当たり外気浴をします。「気持ち良いね」と言葉をかけ情緒を安定させます。

めりはりを付けて

目覚めているときはしっかりと目覚めるように、ふれあい遊びなどをしましょう。満足感があると、ぐっすりと眠れます。食事中に眠くなったときは、15 ～ 20分寝かせた後、起こして、食事を続けるなどしましょう。

＊1歳の後半は、ほとんどの子どもが午後1回の午睡で熟睡するようになる（2回寝から1回寝になる）

＊昼寝の途中で目覚めても、続いて眠ることがある

＊午前睡をしている子どもがいるときは、「ねんねしているお友達もいるから静かにしようね」などとほかの子どもに気づくような言葉をかける

＊午後に1回熟睡をするようになるため、昼食時間を早めて、十分に午睡の時間を取るようにする。個人差に注意する

ポイント❻

2回寝から1回寝に（おおむね1歳ごろ～）

2回寝から1回寝になる理由

乳児期は、成長発育そのものが大きな作業であり、すぐに疲れるので、長時間の眠りが必要です。しかし、1歳後半から2歳になると、脳の目覚めの働きが少しずつ発達し、大脳の興奮が支えられるようになります。午前中は活動に集中して寝なくなり、午後に1回熟睡します。

保護者といっしょに

家庭での睡眠状況を把握する

夜泣きがある、寝つきがよくないなど、家庭での睡眠状況・時間を保護者から聞き、午睡の取りすぎにならないよう園での生活リズムを調整します。

発達の流れ

＊一般的な睡眠時間の目安は、1日11～12時間、うち午睡は1～2時間

＊感覚や情緒の分化が進むので、疲れやすくなり、エネルギー回復のためによく眠るようになる

＊朝の光を浴びることで、生活リズムが確立される

援助

＊遊びが足りないようなときは、別室でふれあい遊びなどをして、満足するようにする

＊目を覚ましたとき、必ず保育者は見える位置にいるようにする

保育のポイント

ポイント❼

健康で自立した生活をつくるために

(おおむね1歳ごろ～)

十分に眠れるように

●愛着を持っている物を受け入れる

寝るときに、特定の玩具など、何かを抱き締めることで安心する子どももいます。そうした手放せない物があれば、受け入れましょう。

●目を覚ましたときに

目覚めたときに保育者は子どもから見える場所にいるようにします。「いつも見ていてくれるからだいじょうぶ」と、次に寝るときの安心感にもつながります。

血液の循環が悪くなる運動不足に注意

平均的に1歳2か月ごろから直立歩行ができ、盛んに歩き回るので、血液の循環がよくなり熟睡できます。楽しく歩ける環境をつくります。

つづく

＊「おやすみ」とあいさつをして寝る

＊成長とともに脳が発達し、睡眠の役割が疲れた体を休めることに向けられる

＊昼寝をしない子どもが出始めるが、休息のために横になる

＊ひとりで眠ることができるようになる

＊昼寝の時間は個人差があるので、よくひとりひとりの状況を把握しておく

＊ひとり寝の完成を急がないようにする

ポイント❽

午睡前は…（おおむね2歳ごろ〜）

リラックスタイムに

午睡前は午前中の活発な時間とは違い、室内で静かに絵を描いたり絵本を見たりするなどのリラックスタイムにしましょう。

エプロンシアターを

静かな音楽をかけて、星のエプロンシアターなどを見せます。(例えば、夜の空には、キラキラと星が瞬き始めますと言いながら、星をはっていきます)

入眠儀式を大切に

入眠前の着替え、トイレに行く、布団に入りお話をする、などの一連の流れを習慣として定着できるようにしましょう。

つづき

発達の流れ

＊遊びすぎて疲れたり、興奮したりしているとかえって寝つきが悪くなったり、熟睡できなかったりする子どもが見られる

＊親指を吸いながら寝つく姿が見られることもある

援助

＊情緒不安定のことも多いので、しばらく手を握って安心感を与える

＊寝つきがよくない子どもには、布団で横になって休むだけでもよいことを伝える

＊自分から「ねる」と言うまで別室で遊ばせておくなど配慮する

保育のポイント

ポイント⑨ 安心して眠れるように（おおむね2歳ごろ～）

決まったところに布団を敷く

自分の場所を決め、そこへ行けばいいんだ、という安心感を持たせます。

指吸いをする子どもには

不安感からくる指吸いには、保育者が手を握りながら寝かしつけることで解決していきましょう。

ポイント⑩ 寝つき・寝起きの悪い子どもには（おおむね2歳ごろ～）

自分から寝たくなるように

寝たがらない子どもには、乳児室へ行き乳児の手などを握るように伝えます。寝入った乳児を見て自分から「寝る」と訴えるようになります。

＊短時間の睡眠で回復する体力の差や長時間寝る子どもなど個人差が表れて、寝つきが悪くなったり早く目覚めたりする子どもが増える

＊眠たいときには、自分で「眠たい」と訴えるようになる

＊ひと晩中、ずっと眠るようになる

＊午睡前にリラクゼーション遊びをして心を安定させ、寝つかせる

＊ひとりひとりに「おやすみ」「おはよう」を優しく、できれば体に触れながら言う

気持ち良い目覚めを

●しばらく抱く

寝起きが悪いときには、しばらく抱いて安心感を覚えさせ、「さあ、起きようね」などと言うようにしましょう。

●歌をうたって

『ちょうちょう』の替え歌(「♪おきて　おきて　げんきな　○○ちゃん　きがえを　すませて　おやつを　たべよう」)などを歌うとよいでしょう。

こんな子どもには

●興奮が静まらない（リラクゼーション遊び）

布団の上に立たせ、両腕を上に伸ばします。合図で手首の力をガクンと抜く。ひじ、肩、首、腰、ひざ、と順番に力を抜き、布団の上に倒れるとリラックスできます。

●心理的に緊張している

午前中の遊びで玩具の取り合いなどでトラブルがあったり、慣れない遊びで緊張したりしている子どもには、個別にかかわり、情緒を安定させます。

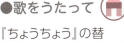

発達の流れ

＊友達といっしょに寝ることを喜び、布団の中で騒ぐ子どもも出てくる

＊夜9時には寝かしつけるのが健康や脳の発達のために望ましい

＊寝入りばなのノンレム睡眠期の血液中の成長ホルモン分泌量が最高になる（寝るとよく成長する）

援助

＊寝起きの悪い子どもには、ぬらして絞ったタオルで顔をふいたり、楽しい歌をうたったりして起こす

＊「ワンワンねんね」「チュンチュンねんね」など、擬音語（動物の鳴き声など）をリズミカルに繰り返し、安心して入眠できるようにする

保育のポイント

ポイント⑪

自分で睡眠・休息を取る（おおむね3歳ごろ～）

午睡の必要な子ども

早朝から夕方遅くまで園で過ごす子どもは、睡眠不足にならないよう、また、精神的な疲れを解消するためにも午睡が必要です。ただし、個人差があるので無理は禁物です。

午睡の準備を自分で！

午睡のときは、自分で着替える、歯みがきをする、トイレを済ませる、布団を敷くなどの準備ができるように援助しましょう。

午睡をしない子どもには…

眠っている子どももいることを伝え、休息スペースで静かに過ごすように伝えます。また、午前中の活動で体が疲れているので、休息の大切さも伝えましょう。

スペースを分ける

午睡をしない子どもが増え始めるため、午睡の時間は午睡スペースと、静かな活動を行なうスペースとに分けるなどの配慮をします。

つづく

＊午睡をしなくなる子どもは、静かに休息を取る

＊午睡の着替え、目覚めの身だしなみがひとりでできるようになる

＊午睡の準備や後かたづけが自主的にできる

＊午睡をしない子どもは、絵本を読むなど静かな時間を過ごすようにする

ポイント⑫

早寝・早起きをしよう①
（おおむね4歳ごろ～）

早寝・早起きの大切さって？

人の生体リズムは25時間サイクルです。朝日を浴びることで体内時計を24時間にリセットできます。24時間の周期が崩れると、１日中ぼんやりしたり、イライラしたり、疲れやすかったり、遊びに集中できなかったりなどして、生活をするうえで支障をきたします。また、睡眠中はさまざまな成長ホルモンや神経伝達物質の分泌が促されます。早寝・早起きは脳の発達にとっても大切なことです。

早起きから始める

まずは、早起きを心がけ、時間を決めて起こします。朝食をしっかりとらせ、活動意欲を持たせます。早く起きると、早く眠たくなるので、このサイクルを大切にしましょう。

発達の流れ

＊眠たい子どもだけが午睡をする（ほとんどの子どもが午睡をしなくなる）

＊夜尿をほとんどしなくなる

＊寝る前の排せつや歯みがき、着替えなどを自分でする

援助

＊眠りたい子どもが自分から「ねたい」と言えるような柔らかな雰囲気をつくり、受け止めるようにする

＊午睡をする子どもには着替える、歯みがきをする、トイレを済ませる、布団を敷くなどの準備を自分でするように個別に言葉をかける

パジャマに着替えようね

保育のポイント

ポイント⑬

早寝・早起きをしよう②
（おおむね5歳ごろ〜）

保護者といっしょに

お便りで保護者に伝えましょう

送り迎えの時間にこまめに伝えたり、保育便りに継続的に睡眠・早寝早起きの大切さを掲載したりして、伝えるようにしましょう。また、何時に寝て、何時に起きたかを記録してもらいましょう。

えんだより
早寝 早起きしよう

決まった時間に寝る大切さを知る

昼間に覚えたことを夜、寝ている間に脳が整理をして記憶します。規則正しい睡眠リズムを大切にしましょう。

子どもに伝える

早寝・早起きの大切さを扱った絵本やペープサートなどを使って、子どもにわかりやすく伝えましょう。

年齢に応じて！

睡眠・休息環境のポイント

睡眠環境の工夫
（おおむね0・1・2歳ごろ～）

●室温

夏：25℃前後（ただし、外気温との差は5℃以内に）、扇風機は風が直接当たらないようにします。

冬：16～20℃、暖房器具による空気の乾燥に注意。

●湿度

50～60％くらいが適当です。

●部屋の暗さ

子どもの顔色が見える薄暗さになるように、カーテンの色やブラインドで調節しましょう。睡眠をもたらすメラトニンは、暗いところで多量に分泌されます。

●音楽

子どもが寝つくまでは静かな音楽を流すのもよいでしょう。

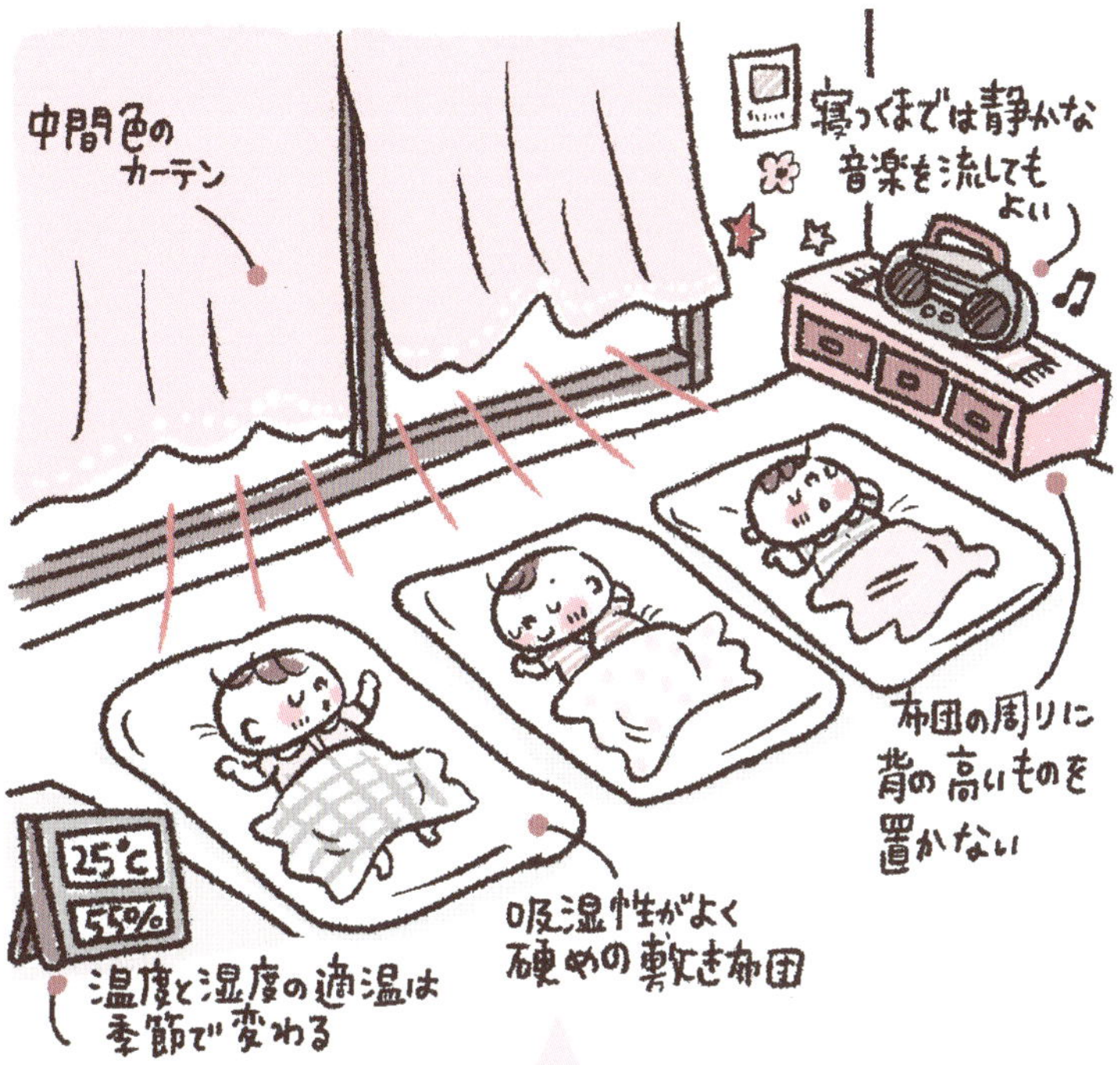

●顔色の変化、呼吸をしているか、姿勢はどうかなど、10～15分ごとに観察し、記録を取るようにしましょう。

●生後9か月ごろまではベッドが望ましい（ベッドのさくを持って立ち上がるころまで）。

睡眠・休息環境の工夫（おおむね3・4・5歳ごろ～）

●音楽・本　静かな音楽を流し、季節の図鑑や絵本などを用意しましょう。

●部屋の暗さ

直射日光を防ぎ、柔らかい日ざしにします。

●くつろげるように

畳やマット、クッションなどを置き、くつろげるスペースを作ります。

●スペースを分ける

活動スペースと午睡スペースを分けます。

現場の悩みに答える！ 睡眠編

Q&A コーナー

ごはんの途中に寝そうになる…

Q 昼も夜もしっかり寝ているのに、ごはんの途中で寝そうになってしまう４歳のAちゃん。どう対応すれば…？

A **疲れがたまると眠くなるものです。別室で休息や仮眠をさせましょう。**

４歳になると運動が活発になり、友達との遊びにも集中してたくさんエネルギーを消費します。食事でおなかがいっぱいになると、消化のために血液が胃に集中しますので、脳の覚醒中枢が働きにくくなり、眠気を催します。中断して休ませ、後で食べてもよいでしょう。

うつぶせ寝には？

Q 何度、あおむけにしても、うつぶせに戻る子どもがいます。どうすればよいのでしょうか？

A **うつぶせ寝のくせでしょう。月齢が低い場合は10分間隔で観察します。**

SIDSの発症は、発見時うつぶせになっている頻度が高い（あおむけに比べ３～５倍）ので、あおむけに寝かせたほうが安心です。うつぶせ寝のくせがついている場合は、10分間隔でようすを見て姿勢を変え、観察記録を残すようにします。家庭でも注意してもらいましょう。

眠る前に絵本の読み聞かせを欲する子ども

Q 午睡の前に、絵本を読んでほしいとせがみ、読まないと寝ないのですが、どうすればいいのでしょうか。

A **言葉の繰り返しのある絵本を、静かな声で読み聞かせましょう。**

家庭での絵本の読み聞かせが習慣になっているのでしょう。「ワンワンねんね、にゃーにゃーねんね」など言葉の繰り返しのある絵本を、静かな声で読み聞かせましょう。子どもが喜びすぎて興奮する絵本は逆効果になりますので、注意しましょう。

昼寝をしない子

Q 昼寝をしない3歳のBくん。しかし、ほかの時間に眠そうということはありません。Bくんの睡眠は、足りているのでしょうか？

A 日ごろハイテンションな交感神経の高い子どもは眠たがりません。

３歳児は天真らんまん、好奇心おう盛で興奮しがちです。神経過敏でしたいことが山ほどある子どもは、眠る時間が少なくなりますが、これは気質の差なのです。寝る前に副交感神経を引き出すような、静かな絵本を読み聞かせたり、リラックス遊びをしたりしてみましょう。

夜泣きをする子

Q 「夜泣きがひどく、1～2時間泣き続ける」と、2歳児の保護者から相談がありました。どうしたらよいのかを知りたいです。

A 子どもの夜泣きは身体的・情緒的な原因が考えられます。

２歳ごろの夜泣きの原因は、日中、体を動かす遊びが足りなかったなど身体的なものと、友達とトラブルがあったなど情緒的なものがあります。日中外気浴をしながら体を使った遊びをしたり、情緒不安を受け止めたりすることで、心身共に満たされる生活リズムをつくっていきましょう。また、オムツがぬれる、のどが渇く、暑すぎるなども原因となりますので注意しましょう。

早寝をさせたいのですが…

Q 「夜なかなか寝ない」と保護者から相談されました。朝も早く起き、昼寝もしていないのですが…。どうすればよいのでしょうか？

A 保護者とふれあいたい欲求があるのではありませんか。絵本を読んだり、タッチング遊びをしたりしましょう。

５歳ごろより睡眠は90分周期が完成します。日中活発に遊びも運動も楽しみ、しっかり食べていると寝つきも早いものです。しかし、神経が高ぶっているとか、情緒不安なことがあると保護者にかまってもらいたくて寝ないものです。静かな手遊びなどをすすめてみましょう。

サテンの布を離しません

Q ツルツルのサテンの布を持ち、顔に触れていないと寝ません。よだれで汚れて不潔なので取りたいです。どうすればいいですか。

A サテンの布を、少しずつ小さくし、しばらくの期間、ハグして寝させて、情緒を安定させると、手放すようになります。

無理に断乳したり急に添い寝をやめたりすると、その代替として、指吸いをしたり、感触のよい物に執着したりするようになります。サテンの感触が気持ちを落ち着かせるので、無理に取らず、布団のえりカバーや枕カバーをサテンに替えたり、布を少しずつ小さくしたりしましょう。

第4章

衣服の着脱編

まずは「衣服の着脱」に関する、年齢ごとの押さえを挙げています。
P.70からの解説を読むためのきっかけにしてください。

知って おこう! **0歳児**

オムツがぬれたり汗をかいたりした不快感を、泣くことにより大人に伝え、介助されて着替えます。

脱ぎ着は、生理的な生活との関連で、子どもの体を守る大人側の長期にわたる世話により、子どもの自立心や感覚、運動機能の育成をはかるものです。ぬれたり汚れたりした物をサッパリとした物に取り替えてもらい、心地良さを感じたり、暑さ、寒さ、活動に合わせて着替えさせてもらい、衣服への関心が引き出されたりします。

知って おこう! **1歳児**

自分の物と人の物との区別がつき始め、パンツや靴下を脱ぐことに興味を持ちます。

沐浴、食事など好きな活動を予知すると、自分からそでに手を通そうとしたり、足を上げて能動的な姿勢を取ったりして、脱ぎ着に協力しようとするようになります。靴下は偶然引っ張って脱げたことから興味を持って脱ぐようになります。パンツは立って下へずらしてから座って引っ張って脱ぎ、靴も脱ぐようになります。

知っておこう！ 5歳児

脱いだ服をきちんと畳み、決められた所へ整理します。固結びやちょう結びができます。

生活の流れを理解し、指示されなくても衣服の脱ぎ着がスムーズにできるようになります。汚れたりぬれたりした物は自分から着替えたり、気温や活動に応じて衣服の調節をしたりします。手先が器用になり、ひもの固結びやちょう結びができるようになります。好きな色、デザイン、組み合わせなどを工夫し着こなします。

知っておこう！ 4歳児

見える所のボタンが留められるようになります。着ている物を全部脱ぐことができます。

毎日の生活の流れの中での衣服の脱ぎ着についてや、薄着の習慣の意味や方法がわかり、順序よく自分で身じたくしようとします。汚れた物を着替えたり、気温に応じて自分から調節したりしようとします。友達が自分でできない後ろボタンや肩スナップなどを手助けする姿が見られます。ボタンの留め外しができます。

知っておこう！ 3歳児

帽子や服の前後、靴の左右に注意するようになり、脱いだ衣服を表に返すことができます。

握力がしっかりしてきたり、体のバランスが取れてきたりするなど、運動機能の発達と関連して、ズボンの後ろを腰まで引き上げて着れるようになったり、上着を前から後ろへかぶって肩へ掛け、片手ずつ通してひとりで着られるようになったりします。促されて遊びの場に適した服装の調節をしようとします。また、教えられ衣服を畳めます。

知っておこう！ 2歳児

保育者に援助されながら、パンツ、帽子、靴など簡単なものを身に着けようとします。

促されて、着ている物を自分から脱ごうとしますが、スムーズにできず、助けられながら全身を動かしているうちに、手足の動かし方を知っていきます。スナップを引っ張って外すことができたことから興味を持ち始め、よく見てひとつずつ外すようになります。パンツは立ってはけるようになります。

衣服の着脱における発達の流れ・援助と保育のポイント

発達の流れ

※あくまでも目安です。発達には個人差があります。

おおむね0か月

＊1日におおよそ20～30回のおしっこをする（その間に数回、便をする）

＊ぬれたオムツが冷えると、不快に感じて泣く

おおむね2か月

＊太ももをカエルの脚のように開き、ひざを曲げた姿勢を取る

援助

＊オムツは常に清潔にし、ぬれたまま放置しない

（▼P.12「排せつ」編ポイント参照）

＊オムツ交換や衣服の着替えの前には、「今から替えるよ」「気持ち良いね」などと言葉をかける

保育のポイント

ポイント❶ 衣服の適切な着替え（おおむね4か月ごろ～）

薄着にする

乳児は厚い脂肪で覆われているうえに、たくさん食べ、運動量も多いので、体に熱がこもりがちです。寒さに強いため、大人より1枚少なく着せるとちょうどよいでしょう。

ボタンの有無

9か月以降はハイハイが始まるため、そのころには前《まえ》身頃《みごろ》にボタンがない衣服を着せましょう。

靴下

乳児は体温調節が不十分なので、靴下が必要です。幼児は寒さに強く、汗をかきやすいため、ふつうの部屋では靴下を履く必要はありません。

保護者といっしょに

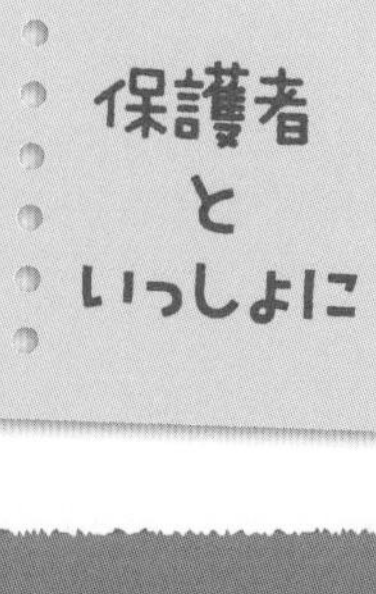

着脱の大切さを伝えて

日々、洗濯に追われる大変さを受け止めながら、こまめにオムツ交換をしたり、着替えを行なったりする大切さを伝えましょう。

つづく

おおむね 4か月

＊動き（特に足の動き）が活発になる

＊着せすぎで体温が高くなりすぎないように注意する

おおむね 7か月

＊肌着やオムツを替えてもらいながら、大人とスキンシップすることを喜ぶ

＊オムツや衣服を替えるときには、足のマッサージなどを行ない、ふれあいを大切にする

（▼P.14「排せつ」編ポイント参照）

＊親指とひとさし指と中指の3本の指で、小さな物をつまみ上げる

＊靴下などを引っ張って、偶然脱げる

ポイント❷

衣服に興味が持てるように（おおむね9か月ごろ～）

自分で着たい服を選ぶように

「どっちがいいい？」と声をかけ、着たい服を自分で選び、着る意欲を引き出します。

着替えを楽しく

衣服から顔が出たときに、「バァ」と顔を見合わせるようにするなど、着替えに関心が持てるようにしましょう。

短い靴下を脱ぐ

指が偶然触れた短い靴下のつま先を引っ張り、脱いだのをきっかけに、靴下を脱ぐようになります。脱ぐときには「よく見てごらん」などと言って、意識を向け、脱げるようにしましょう。

発達の流れ

*脱ぐことのおもしろさを知る

*腹ばいの姿勢から座れるようになり、服の脱ぎ着を意識して大人に協力するようになる

*服を着せるとき、自分からそでに腕を通したり、パンツに足を通したりする

*脱いだ衣服を、自分のロッカーやカゴの中に入れる

*ミトンの手袋、靴、帽子を自分で脱ぐ

援助

*引っ張って脱ぎやすいところを知らせるなど、衣服の着脱の自立が促されるよう、援助する

*自分の印の付いたロッカーやカゴを見つけさせ、入れるのを見届ける

保育のポイント

ポイント❸ 着脱につながる遊び（おおむね7か月ごろ〜）

着せ替え人形（おおむね1歳ごろ〜）

30㎝ぐらいの抱き人形に、パンツ、ベスト、エプロンなど、着せ替えられる簡単な衣服を用意し、脱がせたり、着せたりして遊びます。

着衣枠（おおむね3歳ごろ〜）

手先の器用さや集中力を高める着衣枠を作り、ボタン留め、ホック掛けなどを体験できるようにし、見通しや自信を持たせます。

クッションスナップ（おおむね7か月ごろ〜）

クッションにスナップボタンを付けて、くっつけたり外したりできるようにします。月齢が低い子どもには、スナップの代わりにマジックテープにするなど工夫します。

ボタン留め（おおむね2・3歳ごろ〜）

緑のフェルトで木を作り、ボタンを縫い付けておきます。ボタン穴をあけたフェルトの花を用意し、子どもがボタンを留めて花を咲かせます。

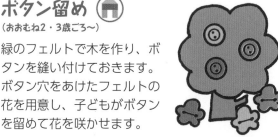

つづく

＊帽子をかぶると、外出することがわかるようになる

＊パンツをひとりではこうとする

＊握力がしっかりとし始める

＊パンツをひとりではかせるときは「右足はこっち」などとことばがけをし、急がせない

＊自分でしようとする気持ちを大切にし、見守る。できないときはそっと手を添え、「できた！」という喜びにつなげる

ポイント④

靴を履いたり脱いだりしてみよう（おおむね1・2歳ごろ〜）

脱ぎ方

①低い台に座ります。

②手でかかとの部分を押しながら、片足ずつ脱ぎます。

保育者の援助

手でかかとの部分を押させ、底を持って引き抜くように援助します。

履き方

①座った状態で片足ずつ、つま先からかかとを残して足を入れる。

②かかとの部分を引っ張り、足を全部入れる。

保護者といっしょに

そばで声かけを！

自分で履かない子どもには「ちゃんと履いてから遊びましょう」「よく見てね」「指でしっかり握って」などとそばで声をかけながらするとよいことを、家庭に伝えましょう。

ひと工夫

かかとの部分を引っ張りやすいように、ひもやリングを付けておく。

発達の流れ

＊歩行が安定してくる

＊帽子をかぶったり、ミトンの手袋をはめたりする

＊自分で着脱をしようとしているときに、大人が手助けするといやがる

＊外出のとき、コートや帽子を自分で取ってくる

援助

＊パンツが脱ぎにくいときは、少しおろして指先に引っ掛けやすくする

＊着るのが難しい子どもには、まずはより簡単な脱ぐほうから取り組み、「自分でしたい」という意欲や「できた」という達成感が味わえるようにする

服を脱いでみようか

保育のポイント

ポイント⑤

「ジブンデ!」の気持ちを大切に

（おおむね1・2歳ごろ〜）

うまくできない子どもには？

服を持つ位置がわからない、振りかぶるタイミングが合わない、そでを通すとき片手で上着を持っていないなど、できないポイントを見極め、個別に援助していきます。

ここを持ってね

子どもといっしょに

保育者が一方的に着替えさせるのではなく、子どもといっしょに着替えているという意識を忘れず、着替えの前に子どもに確認を取ることも大切です。

着替えようか

困ったときは教えてね

ジブンデと主張したときは認め、「できたら見せてね」「困ったときは教えてね」と見守ります。子どもは安心して着脱衣に取り組めます。

困ったときは教えてね

保護者といっしょに

「ジブンデ！」を大切にして見守りましょう

自己主張が強くなり、保育者が手伝おうとしても「イヤ！」「ジブンデ！」と言う時期です。家庭でも子どものようすを見守りつつ、さりげない援助を行なうよう、伝えましょう。

＊脱ぐことをおもしろがる

＊見える所の大きなボタンが外せる

＊上の服をひとりで脱ぐ

＊ひもの結び目をほどいて衣服を脱ぐことができる

＊着替えを自分でしたがらない子どもには、パジャマなどゆったりとした服で練習できるようにする

ポイント❻

ひとりで脱ごう！（おおむね1・2歳ごろ～）

上の服

①そで口を持ち、腕を中に引き入れる。反対の腕も同様に。

②両手で服のすそを肩の高さまで持ち上げ、えり首と衣服を持ち上げて、抜く。

保育者の援助 どこを持って引き入れるか、引き上げるかなどをわかりやすく教えます。

パンツやズボン

①両手でウエストのゴムの部分に指を引っ掛けておろし、臀部《でんぶ》（おしり）が出ているか確かめる。

②低い台に座り、片足ずつすそを引っ張って足を抜く。

保育者の援助 パンツやズボンの腰の部分をしっかり押し下げるよう援助します。

つづき

発達の流れ

＊上着（前の開いていないTシャツなど）のすそを持ってかぶり、肩へ掛けてからそでを通す着方をする

＊自分で最初から最後までしたい気持ちを主張し、時間をかけてでも自分で着ようとする

援助

＊表裏をよく間違える子どもには、前身頃を上に置いてから着るようにするなどの工夫を伝える

＊自分でしたい気持ちを認め、見守る。状況を見て、手伝い、最後の部分は子どもの手でさせ、自分でできた満足感を味わえるようにする

保育のポイント

ポイント❼ ひとりで着よう（おおむね2歳ごろ～）

★上の服

●Tシャツやトレーナーなどかぶるタイプ

①服のすそを持って、頭からかぶり、顔を出す（服が肩に掛かった状態）。

②そでから片腕ずつ出す。

③すそを引っ張りおろして、衣服を整える。

保育者の援助　前身頃を下にして置いたり、前身頃を向こうにして持ったり、後ろ前にならないよう声をかけて成功感を持たせます。

＊衣服の前後、表裏がわかってくる

＊脱いだ物を、決められた場所にきちんと整えてからしまう

＊握力が強くなる

＊後ろへ手を回し、パンツを腰まで引き上げてはく

＊きれいに畳んだほうが、次に着るときに着やすいことや、かたづけやすく気持ち良いことを知らせるために、まず整理した状態を見せる

＊コートやハンガーや帽子掛けはわかりやすい印を付け、見つけやすくする

パンツやズボン

①低い台に座ったまま、片足ずつ入れる。

②バランスを崩さないよう立ち上がりズボンを引き上げる。

保育者の援助

穴に片足ずつ入れ、引き上げるまで握力を抜かないよう注意します。

●前開きタイプ

①服の前身頃を向こうにして持つ。

②パッと背中のほうに振りかぶる。

③片腕ずつそでに入れて、ボタンを留める。

発達の流れ

つづき

＊脱いだ物を、自分できちんと畳む

＊大きなボタンを留め外しする

＊衣服を片手ずつ通して着られる

援助

＊自分で着られた喜びが持てるよう、褒める

保育のポイント

ポイント8

自分で服が畳めるように（おおむね2・3歳ごろ～）

★上着の畳み方

①前身頃を上に、そでを両端に伸ばして置き、片方ずつ「こんにちは」と内側に折る。

②すそを持って肩のところまで折り、大きな衣服はさらに半分に折る。

保育者の援助　前身頃を上にして置いて、最初はトントンたたいて平らにして準備をします。

★ズボンの畳み方

①前を上にしてまっすぐに伸ばして置き、両足を合わせるように半分に折る。

②ウエストとすそを合わせるように半分に折る。

保育者の援助　①のとき、1本になるように整えます。

*帽子の前後がわかる

*歩いたり走ったりする運動が活発になり、靴を自分で選ぶようになる

*鏡の前に立って「シャツが出ていないかな」などと言うと、身だしなみを整える

*靴下のかかとの部分が足の甲のほうへこないように注意して履くようになる

*靴は足に合った、動きやすいものを用意する

*鏡に全身を映してよく見せ、「あっ、シャツが出ている」などと気づけるようにする。自分で整えるのを見守り、「きれいになったね」と褒める

ポイント⑨

着脱の工夫（おおむね2・3歳ごろ〜）

立ってはこうとするときの保育者の援助

●後ろから支える

子どもが立っている後ろに保育者が立ち、背中を支えます。片足立ちのバランスを取りながら、ズボンをはかせます。

●歌をうたう

着替えの歌をうたって着ます。ふだんからうたっておきましょう。『あたまかたひざぽん』（イギリス民謡 作詞／不詳）の替え歌

♪○○ちゃん（くん）のおてて
いれて　いれて
もうひとつおてて　いれてね

など保育者が工夫して歌詞を作り、うたいます。

ポイント⑩

自分で服を表に返す（おおむね3歳ごろ〜）

表への返し方

①裏返しになった服のすそから手を入れ、そでを片方ずつ引っ張る。

②えり首をつかんで引っ張り、表に返す。

発達の流れ

*服の好みがはっきりとしてくる

*裏返った衣服を表に返す

*シャツがズボンからはみ出しているのに自分で気づく

*小さなスナップやボタンを、外したり留めたりする

援助

*子どもの主張を受け止めて、自分で選ぶようにする

*ズボンからシャツがはみ出しているのに気づかない子どもには、「シャツが出ているよ」と気づかせてから手伝う

保育のポイント

ポイント⑪

自分でボタンの留め外しができるように

（おおむね3・4歳ごろ～）

★留め方

①ボタンの側面が見えるように持つ。

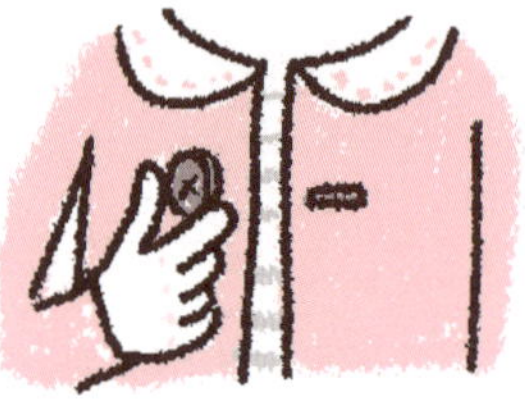

②ボタン穴に合わせてボタンの側面から押し込む。

③少しだけ穴から出たボタンを指先で引っ張り出す。

難しがる子どもには

●鏡の前に立っていっしょに見る

鏡の前でボタンがどうなっているか確かめながら進めましょう。

●形を確認する

ボタン穴の形（細長い）とボタンの形（丸い）の違いをよく見せ、留め外しをするように教えます。

つづく

＊靴の左右を意識して正しく履く

＊新しい衣服を着るとうれしそうにする

＊友達が衣服の着脱で困っていると、自分から助けに行く

＊靴の左右を入れ替えて置きよく見せ、「外側に向いてるね」「こんにちは、と向かい合わせにしましょう」と置き換え、正しい履き方を伝える

＊清潔な衣服、美しい衣服を着ることはおしゃれであることを伝え、身だしなみについても教えていく

ポイント⑫

着ることに楽しさを

（おおむね4歳ごろ～）

友達にどう見られるか意識して

●友達と指摘し合って

シャツがズボンからはみ出している、靴下がずり落ちている、新しい服を着ている、など友達の衣服の変化に気づき、褒めたり、傷つけないように注意をしたりするように言いましょう。

●おしゃれ心を育てる

幼いころから清潔な衣服、美しい衣服を着ることで、おしゃれ心を育てましょう。着ることが楽しくなり、自分に自信が持てるようになります。着こなしについても教えていきましょう。

着脱衣の習慣は意思を育て自信を持たせる

日常の着脱衣の行動は自立の原動力である“やる気”を持たせ、生きる自信を持たせるために意味があります。

発達の流れ

*気温や体温に合わせ、自分で衣服の調節をする

*前開きの上着の肩の部分を両手に持ち、腕を回して肩に掛け片そでずつ腕を通して着る

*ファスナーを自分で掛けて閉める

援助

*日常の着脱衣によって自立の原動力である「やる気」を引き出し、生きる自信を持てるようにする

*自分で衣服を調節することが、なかなかできない子どもには「汗が出ているよ」「暑いね」「上着を脱ごうね」などと言葉をかける

保育のポイント

ポイント⑬ 衣服の調節をする
（おおむね4・5歳ごろ〜）

衣服と衛生の関連を知る

衣服には体内から排出する分泌物を繊維で吸い取る働きがあるので、汚れたら着替えて新陳代謝を助けましょう。

季節との関係

日本には四季があり、暑くなれば涼しい服を着て、寒くなれば重ね着をして体温を調節することを体験します。

活動に合わせて

衣服は体を守る物です。運動、ダンスなど体を十分に動かすときには、伸縮性のある服、軽い服を着るように促します。

保護者といっしょに

衣服の知識を家庭と協力して身につけよう

衣服は健康な体を守る必需品です。社会の中で、着こなし、マナーなどもわきまえ身につけます。家庭と協力して、教えていきましょう。また、気温によって自分で調節できるような服装についても伝えていきましょう。

つづく

＊活動に合わせて衣服の着脱をする

＊友達のエプロンのひもを結ぶ

＊自分を客観視して、身だしなみに気をつける

＊おしゃれをみずから楽しむようになる

＊正しく着脱の調整ができるよう、子どもたちに衣服の基本的な知識を教える

ポイント⑭

ひもを結べるように
（おおむね5歳ごろ～）

固結びのしかた

①ひもをクロスさせ、一方を絡めてから両方を引っ張る。

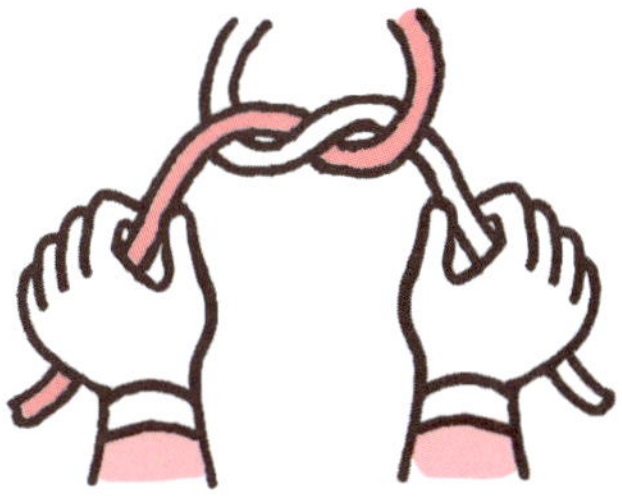

②もう一度クロスさせ、一方を絡ませて輪に通してから左右に引っ張る。

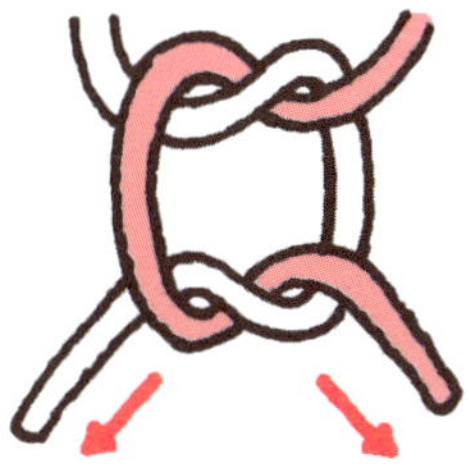

保育者の援助
指先に視線を集中させ、握力を使って結ぶように声をかけます。

ひもを結ぶのが難しい子どもには

左右の色が違う太めのひもを使い、色を示しながら手本を見せて指導します。

ちょう結びのしかた

①左の固結びの①を行なってから、ひもで輪を作る。他方のひもを輪の根元手前から後ろへ1周、回す。

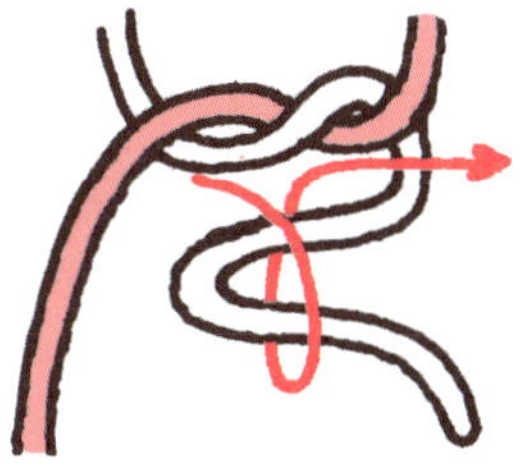

②根元にできた小さな輪の中に、1周したひもを輪にして引っ張り、チョウの形にする。

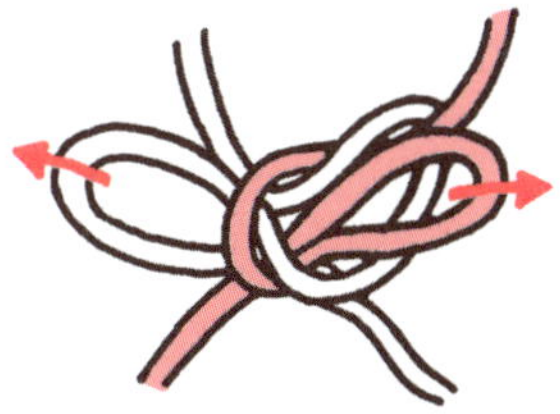

保育者の援助
輪を作ったり、輪に絡ませたりするときは、指先を柔らかく使うように促します。

年齢に応じて！

衣服の着脱の環境のポイント

どんな靴がいい？（おおむね1歳6か月ごろ〜）

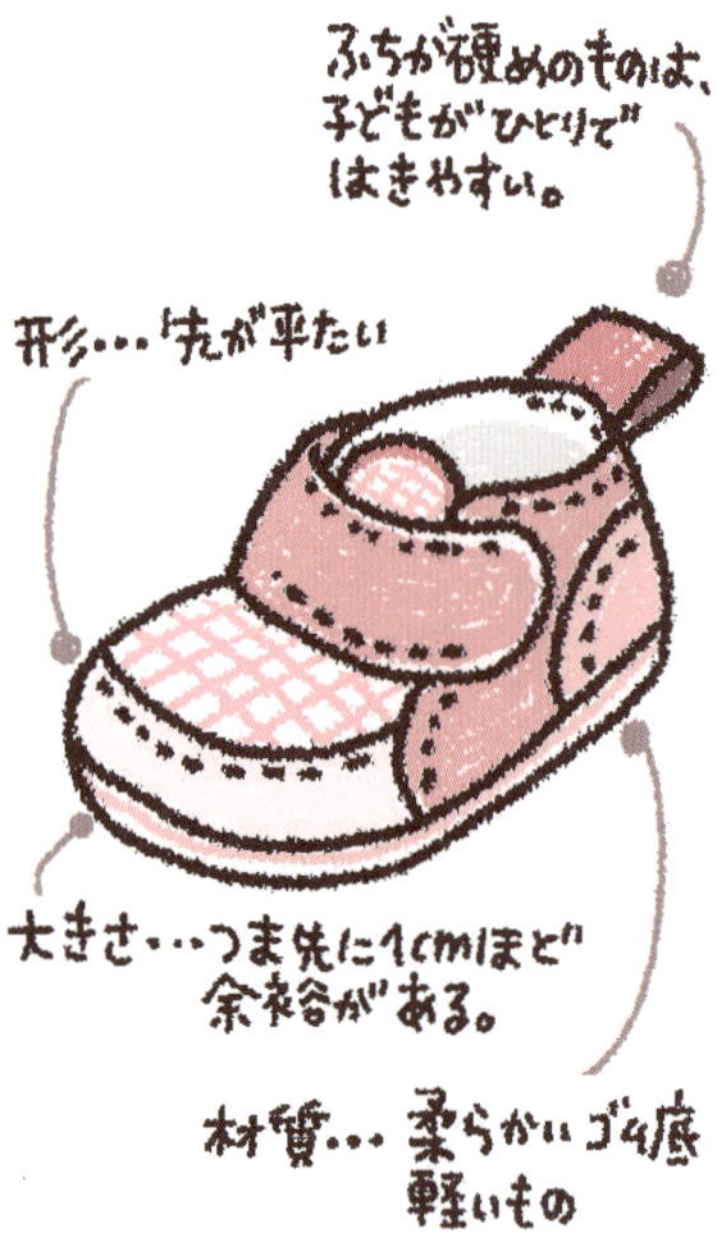

衣服が目につきやすいようにハンガー掛けを

ベスト、カーディガン、ジャンパーなどを掛けられるスチールハンガー掛けをわかりやすい所に設置しておきます。子どもが自主的に気温、活動に応じて衣服を調節するようになり、保護者の参考にもなるでしょう。

畳んだ衣服を整理する棚やカゴ（おおむね3歳ごろ〜）

畳んだ衣服を整理する棚やカゴを用意し、子どもたちが所定の場所に置けるようにしましょう。その子どものマークや写真をはるなどするとよいでしょう。

子どもの好きなマークを作ってはる

衣服の選び方（0か月〜1歳過ぎごろ）

●3か月まで

衣服の目安

大人の着ている枚数プラス1枚

赤ちゃんの手足に触ってみて、冷たいからといって寒がっているわけではありません。暑がっているか、寒がっているかを判断するには、背中や首の後ろを触ってみてください。

25℃くらい	22℃くらい	19℃くらい	16℃くらい
ロンパース	肌着 ＋ ロンパース	肌着 ＋ 兼用ドレス	肌着 ＋ 長肌着 ＋ 兼用ドレス

●4〜9か月

衣服の目安

大人といっしょか、大人より少なめ

赤ちゃんは、大人より体温がやや高めです。動きも活発になり、運動量も増えてくるこの時期は、着せすぎにならないように注意してください。

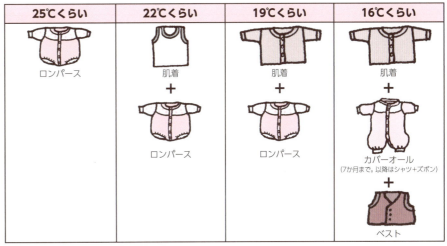

25℃くらい	22℃くらい	19℃くらい	16℃くらい
ロンパース	肌着 ＋ ロンパース	肌着 ＋ ロンパース	肌着 ＋ カバーオール （7か月まで。以降はシャツ+ズボン） ＋ ベスト

●10か月〜1歳過ぎごろ

衣服の目安

大人より1枚少なめを目安に

体温調節をする力が大人といっしょになってくる時期です。しかも、よく動くので、体温はより高めです。積極的に薄着にしていくことが大切です。

25℃くらい	22℃くらい	19℃くらい	16℃くらい
ズボン ＋ 半そでシャツ	ズボン ＋ 肌着 ＋ 半そでシャツ	ズボン ＋ 半そでシャツ ＋ 長そでシャツ	ズボン ＋ 半そでシャツ ＋ 長そでシャツ ＋ カーディガン or ベスト

現場の悩みに答える！ 衣服の着脱編

Q&A コーナー

幼児向きの肌着にするのはいつごろから？

Q 0歳児の肌着は、ロンパース（上下がつながっているもの）を使用していますが、どのくらいの時期から幼児向きの肌着にしていけば…？

A **寝返って体をよく動かしたり、投げ座りをしたりするころに着替えます。**

上向きで寝る姿勢が多い0歳前半児は、手足をバタバタさせる動作が多く、おなかを締め付けないように、ロンパースを着せることが多いですが、5か月の寝返り、7か月の投げ座りを経て身長も伸び、動きが激しくなると窮屈になるので、上と下が分かれた肌着に着替えます。

パンツの前後の見分け方は？

Q パンツの前や後ろに模様が付いていたり、おしゃれパンツで短いズボンのような形だったり…と、パンツの種類が多いせいか、パンツの前後を間違えます。どうすれば？

A **パンツやズボンの前に、小さなポケットを縫い付けてもらいましょう。**

ポケットというのは『ふしぎなポケット（作詞：まど・みちお　作曲：渡辺茂）』という歌があるように、子どもにとっては夢があるものです。保護者の手で小さなポケットを縫い付けてもらい「ポケットが前だよ」と意識づけます。

「衣服の畳み方」を家庭と共有するには？

Q 服の畳み方が家庭によって違います。どのように家庭と連携して、どう保護者に伝えていけばよいのでしょうか？

A **畳み方を絵で描いたプリントを渡し、参考にしてもらいましょう。**

子どもは服の畳み方を覚えると、身の回りの物を整理する意識ができ、自分でしようとします。しかし園で知った畳み方と、家庭での畳み方が違えば混乱します。保護者のお迎えの時間などに、具体的な畳み方の手順を相談しておきましょう。

ズボンを落ち着いてはかせるには？

Q ズボンをはくために立つと、動いてしまう３歳児のAくん。立ち歩かずにズボンをはくには、どうすれば…？

A **ズボンをはくことに意識を集中できるように、注視させましょう。**

3歳児は好奇心がおう盛で、あれもこれもと注意が散漫になりがちです。「ズボンをちゃんとはいてから遊びましょうね」「ズボンをよく見てね」「指でしっかり握って」とそばで声をかけながらはくようにし、「動きやすくなったでしょう」と本人に確認させてから、遊びに向かわせましょう。

衣服を畳もうとしません…

Q 脱いだら脱ぎっぱなしで衣服を畳まないBちゃん。何回も言い聞かせるしかないのでしょうか？

A **衣服を畳んだことがなく、意識がないので畳むくせをつけましょう。**

きれいに畳んだほうが、次に着るときに着やすいことや、かたづけやすく気持ち良いことを知らせるために、まず整理した状態を見せましょう。そして、セーターなどわかりやすい物からいっしょに畳んで、興味が持てるようにします。自分でできたら、おおいに褒めましょう。

衣服の調節をしません

Q 暑くて汗をかいていたので、「カーディガン脱いだら？」と声をかけるのですが、「暑くない！」と脱ぎません。どうすればよいでしょうか？

A **「カーディガンを脱いだら」という指示に対する反発ではないでしょうか。自分から気づかせるようにします。**

「脱いだら」と一方的に指示されたことに対する反発が「暑くない」という言葉で返ってきたので しょう。「汗が出てるね、冷たいタオルでふきましょう」と優しい言葉をかけると、素直になって「上着を脱ぐ」という行動をするでしょう。

ボタンを掛け違える子どもには？

Q ブラウスを着るときに、ボタンを掛け違うCちゃん。上からではなく、下からボタンを留めてもずれてしまいます。どう指導すればよいのでしょうか?

A **最初のボタンは保育者が留め、次から自分で留めて自信を持たせる。**

丸い平面のボタンを一本の線の穴に入れるとき、ボタンの側面をボタン穴に合わせて潜らせ、反対の指で引き出す高度な技術を要します。Cちゃんはブラウスの小さなボタンを留められるのです。初めのボタンを保育者が留め、次のボタンと穴の位置をつかめるよう指導し、自信を持たせましょう。

第5章

清潔編

まずは「清潔」に関する、年齢ごとの押さえを挙げています。
P.90からの解説を読むためのきっかけにしてください。

知っておこう！ 0歳児

オムツがぬれて気持ち悪くなると泣き、取り替えてもらうと手足をばたつかせて喜びます。

よだれや汗などで肌が汚れ、ただれるなどするときげんが悪くなります。沐浴や清拭《せいしき》をしてもらったり、温かいタオルでふいてもらったりすると、気持ち良さそうに体を反らせるなどします。食前・食後おしぼりで手や口をふいてもらい、気持ち良さがわかって笑顔になります。

知っておこう！ 1歳児

水の感触に快感を覚え、砂遊びの後など手を洗おうとしますが、遊びになってしまいます。

パンツを汚したとき「気持ち悪いね」と声をかけ、湯で流して取り替え「気持ち良いね」と介助することで、気持ち悪さと気持ち良さがわかってきます。砂遊びの後など「バッチイ」と知らせ手を洗おうとします。食前・食後おしぼりで手や足を自分でふこうとします。

知ってお こう！ 5歳児

自分の身の回りの清潔、かたづけ、清掃、身だしなみ、マナーに注意するようになります。

不潔の不快さ、清潔の心地良さがわかるとともに、人に及ぼす影響も考え、自分から進んで手洗い、うがい、歯みがきをし、手足、顔、髪を洗うようになります。身だしなみやマナーに気を使って衣服の交換をします。積極的に身の回りの掃除やかたづけ、整理整とんをします。

知ってお こう！ 4歳児

手洗い、うがい、歯みがきなど清潔にする大切さがわかり、着替えなども進んでします。

病気の予防と清潔との関係がわかり、排せつ後、食前、戸外遊びの後の手洗いを、手順に合わせて行なうようになります。洗った後は、タオルでよくふき取ります。正しい歯みがきのしかたを知り、みがこうとしますが、ブラシの使い方に注意が必要です。自分から汚れた衣服を着替えます。

知ってお こう！ 3歳児

食事、排せつ、戸外遊びの後、両手をこすり合わせて手を洗います。自分で鼻をかみます。

手洗いは保育者の指示どおりていねいにしようとします。戸外遊びの後はガラガラうがい、食後はブクブクうがいを区別してするようになります。汚れたとき、汗をかいたとき、いやがらずに顔を洗います。片方ずつ鼻を押さえてかみます。不十分ながら食後歯みがきをします。

知ってお こう！ 2歳児

清潔にするために必要なことを、保育者に手伝ってもらいながら自分からしようとします。

砂遊びや粘土遊びの後、手が汚れていることに不快感を感じ、自分から手を洗います。食前は促されて手を洗い、食後おしぼりで口をふき、ブクブクうがい、後半になるとガラガラうがいをします。沐浴をして清潔な衣服に着替えさせてもらうと「きもちいいね」と喜びます。

清潔における発達の流れ・援助と保育のポイント

発達の流れ

※あくまでも目安です。
発達には個人差があります。

おおむね2か月

＊オムツが汚れると泣くなど、快・不快の感覚がわかるようになる

おおむね4か月

＊いやがらずに顔をふいてもらう

＊汚れたオムツを替えると泣きやみ、また眠りに入るなどする

援助

おおむね2か月

＊沐浴後、湯ざましを飲ませる（脱水症状の予防）

おおむね4か月

＊便の回数も多いので、ていねいに湯でふく

＊便意を早くわからせるためにも、常に清潔にし、汚れたまま放置しない

（▶P・12「排せつ」編ポイント参照）

保育のポイント

ポイント❶ 清潔なことが心地良いと思えるように（おおむね2か月ごろ〜）

沐浴の援助とポイント

●温度

38度くらいにし、必ず湯温計で確かめます。こまめに温度確認をしましょう。食後や病後は、沐浴を避けましょう。

●全身の状態に注意

沐浴前に全身状態をよく観察し、打撲などの青あざなどがないか（虐待の有無）、湿疹など異状がないかを調べます。

沐浴をする意味

あせもなどの皮膚疾患を防ぎ、血液循環をよくし、気分をリラックスさせるという意味があります。

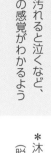

＊新陳代謝が激しく、発汗が目立つ

＊母体免疫が薄れて、病気にかかりやすくなってくる

＊顔や鼻水をふかれるのをいやがり、手で払いのける

＊皮膚がカサカサしたり、発疹が出やすかったりする

＊「顔をきれいにしようね」などと汚れを取ることを知らせ、きれいになることの気持ち良さが感じられるようにする

＊体をふくときは、優しくていねいにする

保護者といっしょに

顔ふきをいやがる子どもには

特に目がふさがるのをいやがる子どもが多いので、まずはほほとおでこをふいて緊張を取り除き、できるだけ目をふさがないように目尻から目頭に向かってふき、最後に鼻をさっとふきます。家庭にも伝えましょう。

体のふき方

●顔

ガーゼや柔らかい手ぬぐいを湯で絞り、おでこ、鼻の下、あご…とふいていきます。子どもがいやがらないよう、声をかけながら行ないます。

●体の清拭《せいしき》

湯で絞った柔らかいタオルで、首、腕、わきの下、胸、おなか、足の付け根、足、背中、臀《でん》部《ぶ》をふき、最後に新しいタオルで顔をふきます。

●耳や鼻

頻繁にふく必要はありません。綿棒にオリーブオイルなどを付けて、入り口だけ軽く回すようにふきます。深くは入れないように注意。鼻水は優しくふきましょう。

●歯

下の真ん中（乳中切歯）の歯を、ガーゼを巻いた指でふいたり、子どもの後頭部を支えながら歯ブラシで表、裏を軽くみがいたりします。

おおむね8か月

おおむね1歳

発達の流れ

＊見守られながら歯ブラシをおもちゃにしてなめる

＊目の前の物をパッとつかみ口に持って行く

＊自分で手を洗うが、うまくできなかったり、遊んでしまったりする

＊自分で水を出して手洗いを始める

援助

＊歯ブラシはおもちゃでないことを伝え、歯ブラシを口に入れたままうろうろしないように注意する

＊水遊びになることを予想してそばにつき、「冷たいね、気持ち良いね」と感触を楽しませ、満足したのを見届けて切り上げる

保育のポイント

ポイント❷

清潔の習慣を身につけよう（おおむね1歳ごろ～）

子どもへのことばがけ

衣服や体が汚れていたら、「汚いからきれいにしようね」などと、きれいにする必要があることを知らせます。そして、「きれいになったね」などと笑顔で声をかけましょう。

さりげない援助

この時期は、まだ子どもに任せきりにせず、保育者が手伝ったり励ましたりしましょう。

1歳児の清潔の援助は…

1歳児の感覚はすべてにおいて未発達ですが、特に清潔ということについて指導するとき、目で見て「きれい・汚い」を感じる感覚と、生理的に「快・不快」を感じる感覚の両方を刺激して、清潔の習慣を身につけていくようにしましょう。

つづく

＊鼻水が出ても平気

＊何でも口に入れたり、なめたり、かんだりする

＊おしぼりを渡すと口や顔に持って行き、ふこうとする

＊自分の歯ブラシがわかり、口の中に入れて動かす

＊いやがらないように、優しく手早くふき、気持ちが良いことを知らせる

＊汚れているところがあれば、言葉をかけながらいっしょにふく

ポイント❸

清潔に興味を持てるように（おおむね1歳ごろ〜）

歯ブラシ

歯ブラシの感触に慣れるように、極細ブラシの歯ブラシを、おしゃぶりのようにくわえさせます。よだれが出て口の中の汚れが取れます。

手洗い

水遊びと手洗いは違うことがわかるように、水遊びはタライに浮き玩具を浮かべて遊び、手洗いは流し水で手をこすって洗うことを知らせます。

かたづけ

玩具のトラックを押しながら「積み木を運びましょう」と、荷台に積み木を次々に載せる遊びをしながら、かたづける気持ち良さを感じさせます。

おしぼりでふく

初めのうちは、食後汚れた手を、保育者がおしぼりでふき取り「気持ち良いね」と声をかけ、慣れさせていきます。しだいに自分でふくようになります。

発達の流れ

*衣服が砂や泥などで汚れたら払おうとする

*手洗いのとき、腕まくりをしようとする

*水道の開閉に興味を持つ

*食前、排せつ後の手洗いをいやがらずに進んでする

援助

*衣服や体が汚れていたら、「汚いからきれいにしようね」などと言って、きれいにする

*ひとりひとりに手がきれいになることの気持ち良さを感じさせ、「きれいになったね」と言葉をかけて自信を持たせる

保育のポイント

ポイント4 楽しく手洗い習慣を

（おおむね1歳ごろ〜）

あわあわーソフトクリームだ

手のひらで細かい泡が立てば、両手でこすって集め、ソフトクリームに見たてて遊びます。

バイキンさんバイバイ

「バイキンさん出てこい」と言いながら指の間を洗い、「バイキンバイバイ」と洗い流します。

手が「ああいいにおい」

手洗いの後、手のにおいをかぎ、保育者が「ああいいにおい〜」と子どもが感じるように言います。

白いケント紙で汚れを確かめる

砂遊びの後、真っ白なケント紙に手をこすり付けます。真っ黒な汚れを見て「汚い」ことを知ります。

おおむね 2歳

＊手が汚れるとふいてもらいたがる

＊鼻水が出て教えにくる子どももいるが、ほとんどが出たままでいる

＊うがいをしようとするが、初めは飲み込む

＊不潔、清潔の違いがわかり、沐浴などできれいになると喜ぶ

＊鏡の前に連れて行き、ようすを見せながらふく

ポイント5

鼻をかめるように（おおむね2歳ごろ～）

自分でできるように

鼻水に気づかない子どもは、鏡の前で気づかせましょう。

鼻から息を出す練習

鼻から息を出せるように、息が目に見えるようにします。プールの時期なら、顔を水につけてブクブクと出る泡を見ます。そのほかの時期では、ティッシュペーパーを鼻にかざします。揺れるティッシュを見て、鼻から息が出ることを確認します。

鼻をかみたがらない子どもには

鼻水が乾燥してこびりついているのを無理やりふかれ、痛い経験をした子どもはいやがって逃げます。温かい湯で絞ったガーゼを当て、優しくふき取るようにします。

つづき

発達の流れ

*パンツがぬれると、知らせる
（▼P・20「排せつ」編ポイント参照）

*ブクブクうがいをする

*何でも自分でやりたがり、自分から手を洗ったりタオルでふいたりする

*鼻水をいっしょに手を添えてもらいながら自分でふこうとする

援助

*まず子どもに洗わせ「きれいになったかな?」などと言葉をかけながら保育者がもう一度洗うことを繰り返し習慣づけていく

*指の間もふくように、タオルの使い方を実際にして見せる

保育のポイント

ポイント❻ うがいのしかたを楽しく知らせる（おおむね1・2歳ごろ～）

うがいのしかた

●口からパッと出す（1歳ごろ～）

口に水を含ませ、下を向いてパッと吐き出させます。水を飲み込まないように注意を。

●ブクブクうがい（2歳ごろ～）

水を含み、左右のほほを交互に膨らませてブクブクをし、下に向いて吐き出すようにします。

●ガラガラうがい（2歳ごろ～）

上を向いて口を開け、のどでガラガラ音を立てて、下にパッと吐き出します。下を向くとき口をしっかり閉じているか確かめましょう。目印として、イラストを上にはっておき、それを見ながらガラガラするように伝えるのもよいでしょう。

＊ほかの子どもの汚れが気になり、伝えたりきれいにしてあげようとしたりする

＊まだ不十分ではあるが、手のひらをこすり合わせて手洗いする

＊短いガラガラうがいをする

＊真っ白なタオルでふいて「まだこんなに汚れているよ」と汚れたタオルを見せて知らせ、自分で気づけるようにしていく

保護者といっしょに

口の中をきれいにすることが清潔習慣の第一歩

口は食べ物を体の中に取り込む入り口です。口の中を清潔にすることは、菌の侵入を予防するので、手洗い同様、病気予防の基本です。家庭に伝え、連携して取り組みましょう。

水を飲み込んでしまう子どもには

うがいを教えても、初めは飲み込んでしまうものです。少しでも音が出たら褒めましょう。

短いガラガラうがいを大切に

ガラガラうがいで「ガラガラ、パッ」と声をかけ、まずは短いガラガラを身につけましょう。

保育者が見本を見せる

保育者が大きな口を開けて、子どもに見えるようにガラガラうがいをして興味を持たせます。

発達の流れ

＊口を横に開いて、歯ブラシで歯の表面を自分でみがく

＊食後、口に水を含み、ブクブクうがい（両ほほを交互に動かす）をして、水をパッと吐き出す

＊ティッシュペーパーを鼻に当て、片方の穴を押さえて鼻をかもうとする（ふーんと鼻から息を出す力が弱い）

＊粗めのくしで髪をとかす

援助

＊うがいや歯みがきは、手洗い同様、病気予防の基本であることも伝えていく

＊ひとりひとりのしかたをきちんと見て、必要に応じて言葉をかけたり、手伝ったりする

保育のポイント

ポイント⑦ 鼻のかみ方を正しく（おおむね2・3歳ごろ～）

鼻水をふく習慣を

鼻水が出ていることを伝え、ティッシュペーパーでふき取るよう習慣づけましょう。

鼻のかみ方

①手で鼻にティッシュペーパーを当てます。

②鼻の穴を片方ずつ押さえて、かみます。

片方ずつかむことを伝える

耳に圧力をかけて傷めないために、片方ずつ押さえてかむことを伝えます。

つづく

＊手の指をくっつけて水をすくい、顔を洗う

＊せっけんを使ってきれいに手を洗う

＊洗髪後に「いいにおいがするね」と言われると喜ぶ

＊すっきりきれいに洗うことはまだ難しいので、「ほっぺのここも洗って」「手の甲もごしごししようね」などと促す

ポイント❽

楽しく手を洗おう

（おおむね3歳後半ごろ～）

手の正しい洗い方

※まずは、手が汚れていることを伝え、手をきれいにする必要性を知らせます。

①そでがぬれないように腕まくりをし、水で手をぬらします。

②せっけんを手のひらに乗せ、泡立て、手のひらと甲を洗います。

③つめの間を洗います。

④指と指の間を洗います。

⑤親指を洗います。

⑥手首を両方とも洗います。

⑦水でせっけんを洗い流します。

⑧自分のタオルで手をふきます。

発達の流れ

＊同じ物や似たような物を分類してかたづけをする

＊かたづける必要性を感じて自分からかたづける

援助

＊玩具と同じ色の箱を用意し、箱の中を玩具の大きさに合わせて牛乳パックなどでしきるなど工夫し、遊びや玩具の内容別にかたづける場所を決めておく

＊進んでかたづけている子どもの姿を認め、ほかの子どももまねて自分から進んでかたづけられるようにする

保育のポイント

ポイント⑨ かたづけを楽しく！（おおむね4歳ごろ～）

チームや役割をつくる

「ブロックチーム」などチーム分けをしてかたづけを競ったり、部屋の点検をする役をつくって責任感を持たせたりするなどして、意欲を高めましょう。

目的意識を持って

かたづけた後に何をするかを伝え、かたづけることの目的を子どもたちが持てるようにします。

ポイント⑩ 自分で歯みがきしよう（おおむね4歳ごろ～）

★歯ブラシの持ち方

えんぴつを持つようにして持ちます。

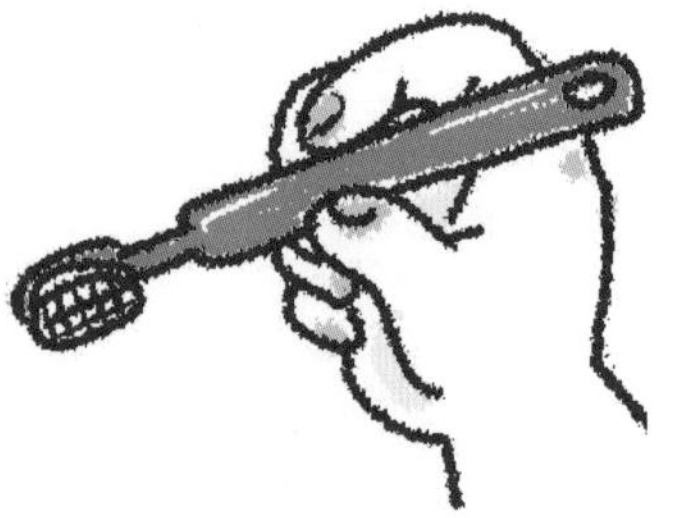

*歯ブラシの使い方がわかり、奥歯もみがこうとする

*歯をみがいてから顔を洗うなど、手順を踏んで清潔にする

*排せつ後など、自分でズボンを上げ、身じまいをする

*製作の後にかたづけをするなど、大人の役にたちたがる

*歯ブラシはえんぴつを持つようにし、3分以上みがくようにする

*シャツがズボンに入っていないときは、「シャツしまおうね」とこまめに声をかける

保護者といっしょに

歯みがきの習慣を

家庭にもお願いをして、食後には、歯を必ずみがくよう伝えましょう。家庭でも園でも食後に歯をみがくことで習慣化していきます。

しあげみがきのポイント

保育者のひざに、子どもをあおむけに寝かせ、奥歯の側面、裏、上、歯の隙間をブラシを小刻みに動かしてみがきましょう。

みがく時間

3分以上みがくようにしましょう。3分で落ち切る砂時計などを目の前に置いて歯みがきをするなど工夫しましょう。

乳歯の虫歯に注意

「乳歯は永久歯の元」です。大きくなれば永久歯に生え替わりますが、乳歯が虫歯になると進行が早く、歯の根元まで悪くしてしまいます。もちろん、永久歯にも歯列不正などの悪い影響が出ます。歯みがきが大切なことを子どもに伝えましょう。

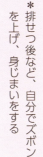

発達の流れ

*洗髪の際に湯が顔にかかってもいやがらない

*汚れた衣服を自分から取り替える

*食事前や排せつした後に進んで手を洗う

援助

*子どもひとりひとりに合わせて援助し、意欲や達成感を持たせる

保育のポイント

ポイント⑪
歯をみがこう（おおむね4歳ごろ〜）

前歯のみがき方

ことばがけ

「歯ブラシを立てて1、2。次は歯ブラシを傾けてシュッ、シュッ」

●平らな部分

1本ずつ、歯の表面に並行になるようにブラシを立ててみがきます。

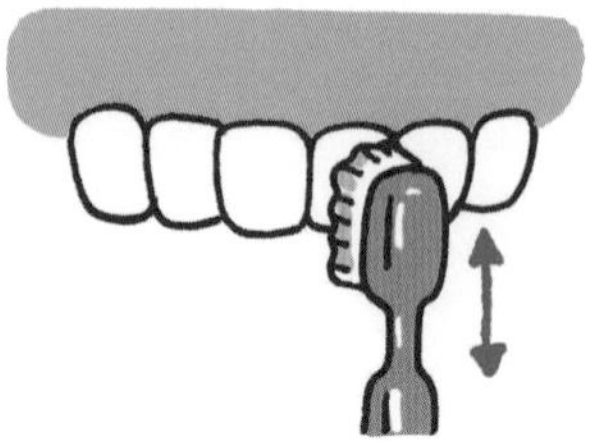

●曲面

歯の左右の曲面は、ブラシの端を使ってみがきます。

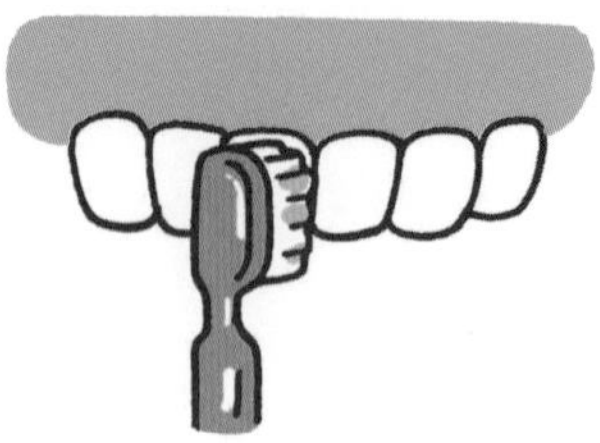

奥歯のみがき方

ことばがけ 「奥歯の溝の虫歯菌を、歯ブラシでしっかり出しましょう」

●溝

ブラシの先を使って、溝の奥まできれいにします。

●内側

ブラシのサイドを使います。

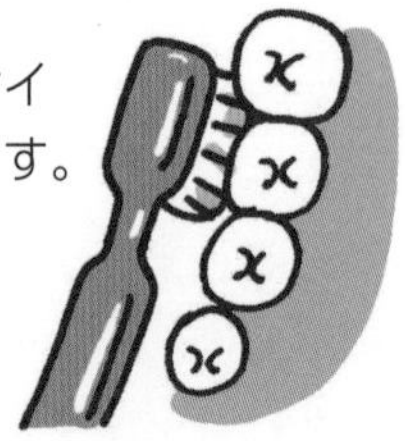

●歯と歯ぐきの間

ブラシを45度に傾けて奥までみがきます。

つづく

＊汗をかいたらハンカチでぬぐう

＊ぞうきんを絞って掃除をする

＊ホウキとチリトリを使って掃除をする

＊活動予定を事前に知らせ、見通しを持ってからかたづけられるようにする

＊毎日の生活の中で、子どもたちがぞうきんやホウキ、チリトリを使って掃除をする機会を設け、清潔にする喜びが実感できるようにする

ポイント⑫

清潔にすることの大切さに気づく

（おおむね5歳ごろ～）

歯みがき

●歯の汚れを見よう

透明のコップに入れた水で歯ブラシを洗いながら、歯をみがきます。水が濁ることで、歯の汚れがわかります。

手洗い・うがい

●効果を伝える

かぜなどのばい菌は手から口、体の中へ入ります。ばい菌を流し体に入れない予防が、手洗い・うがいです。イラストなどで伝えましょう。

かたづけ

●気持ち良さと使いよさ

決められた所に物があり、整理整とんされていると気持ちが良いばかりではなく、次の活動がスムーズにできることを体験させます。

つづき

発達の流れ

＊身だしなみに気を使う

＊友達同士で身だしなみを注意し合う

＊玩具の大きさや形によってかたづける入れ物や整理のしかたを工夫する

＊病気の予防と清潔さの関連性がわかる

＊汗をかいたときに顔を洗うなどが、ひとりでできる

援助

＊自分でかたづけしやすいように、クラスでどこに何を入れるか、ルールをつくるようにする

保育のポイント

ポイント⑬

自分から清潔にできるように（おおむね5歳ごろ〜）

部屋や戸外の掃除をする（※おおむね4歳ごろから経験していくとよいでしょう）

●ぞうきんの絞り方を伝える

ぞうきんを４つ折りにして、両端を握り、右手と左手を違う方向にねじって絞ります。水がしたたり落ちなくなったら絞れています。

●ホウキとチリトリの使い方を教える

ホウキの柄の部分を右手が上、左手が下になるように握り、穂先を床に一定の方向にはきます。ゴミをまとめチリトリを左手に持ちホウキで入れるようにしましょう。

●テーブルのふき方を教える

右利きの子どもなら、テーブルの奥から順番に、右端から左端までふき、ゴミやほこりを左端に集めます。最後に左端の奥から手前にふき、ゴミやほこりをすべて取り去りましょう。

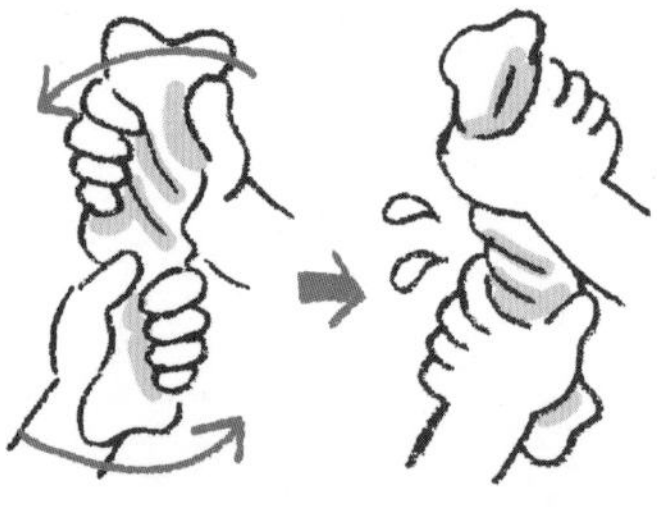

つづく

＊つめが伸びると切ってほしいと要求する

＊自分の身の回りの清潔、清掃、身だしなみに注意をする

＊色紙の切れはしでも、利用できるものとできないものに分けるなど、自主的に使いやすい環境をつくる

＊自分で洗髪をする

＊日ごろから髪の毛がよく汚れていたり、下着が汚れていたり、つめが伸びすぎていたりするときは、ネグレクト（虐待の一種…育児放棄）も疑い、家庭との連携を密にする

自分の身だしなみを整える

入り口などに置いた全身鏡の前で、「シャツが出てないかな」「ボタンが留まっているかな」などと言い、自分の身だしなみをチェックするようにします。

友達の身だしなみに気づく

●衣服が汚れていないか気をつけ合う

食後に「胸におつゆをこぼしているよ」など、汚れていることを友達と知らせ合うようにします。

●髪の毛が不潔になっていないか注意し合う

髪の毛が汚れていたり不快なにおいがしていたりするのを注意し合える雰囲気をつくります。友達が傷つく言葉を使わないように伝えましょう。

年齢に応じて!

清潔環境のポイント

手洗いに適した環境（おおむね1・2歳ごろ～）

子どもが手を洗いやすい高さになるよう、台を置くなど工夫します。また、水が勢いよく出すぎると子どもが怖がるため、水の出しぐあいにも配慮しましょう。

割りばしに脱脂綿を付ける（おおむね3歳ごろ～）

割りばしに脱脂綿を付けたもので、歯みがきの練習をすると、じょうずにできるようになります。脱脂綿が口の中に残っていないか注意しましょう。

自分でチェックできるように（おおむね4・5歳ごろ～）

手洗い場の近くに鏡を置くようにします。歯みがきの後、きれいになったかを見る手鏡を用意し、食べかすがついていないか見ます。また、鼻水がきちんとふけているか、鏡を見て確認します。

かたづけやすい環境づくりを

●同じ色の箱を用意する

玩具と同じ色の箱を用意して、例えば「赤いブロックは赤い箱にかたづけよう」などと遊び感覚でかたづけられるように工夫してみましょう。

●箱の中をしきる

箱の中を、玩具の大きさに合わせて牛乳パックなどでしきることで、大きさや種類ごとにかたづけられるようになります。

現場の悩みに答える！ 清潔編

Q&A コーナー

保護者への伝え方は？

Q 子どもの髪や服装などが不潔でも平気な保護者がいます。改善するにはどのように伝えればよいでしょうか？

A **汚れは病原菌を身につけ、病気の基になることを話し合います。**

食事、排せつ、睡眠などで手抜きをすると命にかかわりますが、肌や衣服が不潔でも死ぬことはありません。清潔はあくまでも意識的な営みであり文化なのです。子どもは抵抗力が弱く汚れによる病気があることを、そのつど保護者に伝え、具体的な方法を提示しましょう。

うがいで飲み込んでしまう子には？

Q うがいをすると、どうしても飲み込んでしまいます。「茶から始める」「して見せる」などの援助はしているのですが、うまくいきません。ほかに方法は…？

A **「ガラガラ、パッ」と声をかけ、短いガラガラを身につけましょう。**

ブクブクうがいで口にためた水を、吐き出すことをしっかり覚えます。次にガラガラうがいは「ガラガラ、パッ」と繰り返し声をかけ、２回ぐらいで吐き出します。この要領でガラガラを少しずつ長くしていきます。焦らないで身につけましょう。

鼻のふき方はどう教えれば？

Q 鼻がふけない２歳児のAちゃん。出ている鼻水をふき取りたいのに、ティッシュペーパーでかえって引き伸ばしてしまいます。どう指導していけばよいのでしょうか？

A **左右の指の力が均等でなくずれるのです。弱いほうを介助しましょう。**

鼻水をかまずに吸っていると、炎症物質がたまり鼻炎や中耳炎になるので、ふき取ろうとしているAちゃんをまず褒めましょう。そしてよく観察して、力の弱いほうの手を押さえて介助し、鼻の頭のほうでティッシュペーパーを合わせるようにと言葉をかけましょう。

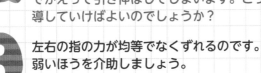

第6章

運動機能編

まずは「運動機能」に関する、年齢ごとの押さえを挙げています。
P.110からの解説を読むためのきっかけにしてください。

知っておこう! 0歳児

受動的身体統制から首が据わり、寝返り、投げ座りなど、積極的身体統制へと発達します。

運動の進行は、躯幹《くかん》（胴体）中心部から末梢部の方向へ、粗大運動から微細運動へ移行します。首を持ち上げる脊髄神経、首を回す脳の神経の働きにより、直立歩行の基礎としての首が据わるのが3～4か月です。5か月ごろ、頭と肩を胸のほうに引き付けて、足を交差し寝返り、7か月には投げ座り、やがてハイハイ、伝い歩きへと発達します。

知っておこう! 1歳児

大きな筋肉を使う粗大運動から、手足の細かい筋肉の微細運動が、頭部から臀部《でんぶ》へと発達します。

1歳は人間の特質としての直立歩行が始まる重要な時期です。平均1歳1か月といわれていますが、個人差があります。歩行により自由になった手を使い、探索活動が盛んになり、手の感覚により物の形、特質など外界の世界の認知を広げていきます。バランスを取って、くぐる、またぐ、段差を上る、下りるなどの運動が盛んになります。

知っておこう! 5歳児

目、手、足、体のすべての身体部位が協応的に動いて、複合応用運動ができます。

走って来て跳ぶといった複数の動きを中断することなく、連続的に行なったり、筋力、持久力が高まり、とび箱を跳び越すことが巧みになったりします。縄跳びやボール遊びなど体全体でリズムを取ったり、用具を巧みに操作したりコントロールしたりする遊びを喜んで経験します。柔軟性、巧緻性が高まり、有能感("やればできる"という自信)を身につけていきます。

知っておこう! 4歳児

「〜しながら…する」という、ふたつの違った動きをひとつにまとめた運動ができます。

4歳になると、片足を上げながら前へ跳んだり、連続で片足跳びをしたり、スキップをしたりするなどふたつの動きをまとめた全身運動ができます。特にボールを投げる力が飛躍的に伸びる、運動の効果が見える時期です。タイミングよく動いたり、力をコントロールしたりするなど、運動を調整する能力を使って、運動器具で遊びます。

知っておこう! 3歳児

腕を振りながら速く走るようになり、合図で急にストップしたり、曲がったりできます。

3歳になると、歩く、走る、跳ぶ、上るなどの基本的な運動機能が目に見えて巧みになります。土踏まずが形成され始め、あおり動作(つま先で地面をけり、かかとで着地する)の動きができるようになりますので、歩く姿勢もスッキリします。指先の分化が小指側から親指側へ進み、指先に力を込めて物をつかんだり、握り込んだりする動作がスムーズになってきます。

知っておこう! 2歳児

歩行を習熟し、走ることができるようになったり、腰を落として身構え、跳んだりできます。

歩行の機能がさらに発達し、でこぼこ道をバランスを取って転ばずに歩いたり、段差を跳んだりします。手の動きも巧みになり、左手に持った砂遊びのコップに、右手を使ってスコップで砂をすくい入れ、手首をクルッと回してプリンを作れるようになります。この操作が身につくとともに、食事のとき、スプーンでじょうずに食べるようになります。

運動機能における発達の流れ・援助と保育のポイント

おおむね1か月

発達の流れ

※あくまでも目安です。発達には個人差があります。

*動く物に反応して顔を向ける

*うつむき姿勢のとき、足をピンピンとさせる

*腹ばいで頭を持ち上げる

*把握反射（手に触れた物をつかむ）を行なう

*親指を開き始める

援助

*いろいろな素材の物を用意し、さまざまな感触を味わえるようにする

*手が触れると動いたり音が鳴ったりする玩具を身近に置いておく

*音楽を流すなどして、体を楽しく動かせるようにする

保育のポイント

ポイント1

手作り玩具で手指の動きを巧みに（おおむね3か月ごろ〜）

さまざまな手作り玩具

（▶P.132「表現活動」編ポイント参照）

●ポスティングボックス（9か月ごろ〜）

空き箱の上部に丸や四角などの穴をあけ、その大きさより、少しだけ小さいお手玉、積み木、ボールなどを中に入れます。

●手持ち棒付き人形（6か月ごろ〜）

手作り人形に持ち手の棒を付け、左右の手で持ち替えられるようにします。棒の先がとがった物を使用しないようにしましょう。

●ガラガラ（3か月ごろ〜）

乳酸菌飲料の空き容器などに鈴やビーズなどを入れてふたをし、握って遊びます。しっかりとビニールテープで継ぎ目をつなぎましょう。

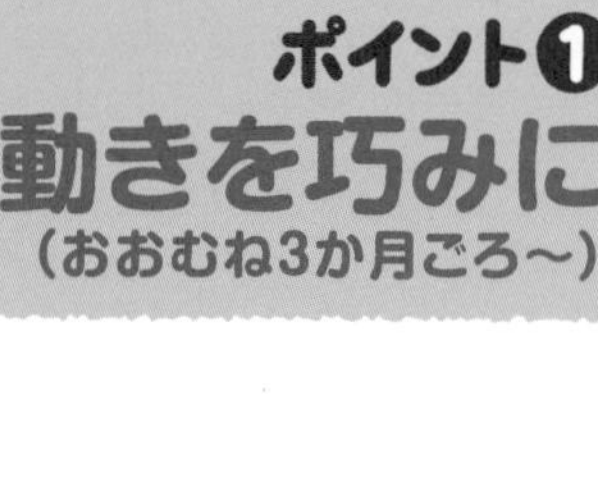

つづく

おおむね4か月

＊指を開く

＊首が据わり、正面を向く

＊手のひらで体を支え、腹部まで上げて正面を向き、左右に顔を向ける

＊寝返りをする

おおむね6か月

＊足を投げ出し、投げ座りをする

＊玩具を一方の手から他方の手へ持ち替える

＊お座りがまだ不安定なときは、後ろや横に転倒して、けがをしないようにクッションを置く

ポイント❷ 安全面に気をつけよう（おおむね4か月ごろ～）

口より大きく

直径39㎜以下※の玩具は口の中にすっぽり入るため、飲み込んでしまう恐れがあります。また、玩具をなめることがあるため、いつも清潔に保っておきましょう。

※（一社）日本玩具協会、「玩具安全基準書ST－2002」より。誤飲チェッカーなどの道具があります。

けがをしないように

触ったら切れる紙や鋭い角があるものなどは持たせないようにしましょう。

●引き出しボックス（11か月ごろ～）

空き箱の上や側面に穴をあけ、中に布切れや毛糸で編んだ人形や玩具などを入れ、子どもが手を入れて引き出します。

発達の流れ

＊足に触れたり、つかんだりする

＊うつむきの姿勢で、おなかを円心にして足を使ってくるくる回る（ヘリコプターと呼ぶ）

＊顔に掛けられた布を手で払う

＊腹ばいで腕を使って前へハイハイする

援助

＊口にして危ない物を置かないなど、環境づくりに配慮する

＊足をうまく使えていないときでも、保育者は足の裏を押さないようにする

＊目標物に向かって進もうとする気持ちを大切にする

保育のポイント

ポイント❸

ハイハイを楽しもう
（おおむね7か月ごろ～）

楽しみながらハイハイをするために（ハイハイ運動の発達過程）

①頭を上げて、おなかを床に着け、腕の力で前進

●首、肩、背中の筋肉がつく。

【援助・配慮】

●しんどそうに頭を床に着け始めた場合は、すぐにあおむけにしましょう。

②ひざの屈伸、足指のける力、上肢の力を左右交互に使って前進

●足の指で床をけり、移動する。

●胸筋、背筋、四肢の筋肉がつく。

【援助・配慮】

●足の指でけっていなくても、足の裏を押さないようにしましょう。

③両手とひざを床に着け、おなかを浮かして前進

●首をしっかり上にあげ、目線が高くなる。

●四肢の筋肉、胸筋、背筋がつく。

【援助・配慮】

●おなかが床に着いてきたら、疲れてきているので、抱き上げたり、あおむけにしたりして休ませましょう。

④ひざを伸ばし、おしりを上げて手と足の指を使って移動

●一般に高ばいといわれ、足腰の筋肉、腕の筋肉、背筋、腹筋が強まる。

【援助・配慮】

●つんのめって顔を打つことがあるので、注意しましょう。

＊両手・両足を交互に動かし、おなかを床に着け、足の指を使って床をけり、ハイハイする

＊玩具を打ち合わせる

＊壁や棚から手を離しても、その場で数秒立つ

＊歩かせることを急がず、ハイハイの経験を多く重ねていけるようにする

＊触りたいと思うような玩具（つまむ、打ち合わせる、握るなど）を用意する

ハイハイを使って遊ぶ

●**追いかけっこ遊び**

室内で保育者が子どものペースに合わせ、はって追いかけて遊びます。

●**トンネル遊び**

両手両ひざをついた下を子どもが通って遊びます。楽しくなる言葉をかけましょう。

●**坂の上り下り**

マットの下に布団などを入れて作った坂を上ったり下りたりします。転落しないよう、見守りましょう。

ハイハイを促すために

●**赤ちゃん体操**

（▶P.14「排せつ」編ポイント参照）

顔をなでる、手の開閉、足の屈伸など、子どもの体を十分に動かすようにして、体の発育を促します。

●**ひざの上でジャンプ**

わきの下を支えて、ひざの上でジャンプして遊びます。初めは低く、しだいに高いジャンプにしていきましょう。

発達の流れ

＊伝い歩きを始める

＊直径6㎝程度のボールを投げる

＊きちんと1本の指を立てて指さしをする

あれはクマのぬいぐるみだね!

＊スイッチを入れたり切ったりする

援助

＊自分で歩こうとする気持ちを大切にする

＊歩行の発達に伴って行動範囲が広がるので、事故などに注意して見守る

＊さまざまな場面で子どもとの物の受け渡しなどのやりとりを楽しく行なう

保育のポイント

ポイント❹

伝い歩きからひとり歩きまで（おおむね1歳ごろ～）

やりとり遊び

音の出る握りやすい玩具を目の前で振り、手を出したときに渡します。今度は子どもからもらって受け取り、やりとりを楽しみましょう。

よちよち

➡気持ちのやりとりができる。

※渡したくないそぶりをしたときは、無理に取らないようにしましょう。

ハイハイの追体験

伝い歩きやひとり歩きを始めても、全身の発達や筋肉をつけるため、ハイハイの追体験をすることが、大切です。

壁を使った遊び

布などを切って三つ編みをしたものに、パフリングなどのドーナツ型の物を通し、壁に付けます。高さは子どもの胸くらいにします。輪を握って立とう、歩こうとする意欲を引き出します。

＊ひとり歩きを始める

＊スプーンを握る
（▼P.37「食事」編ポイント参照）

＊座りながら向きを変える

＊歩行を中心として大きめの箱を押したり、玩具に付いているひもを引っ張ったりする

＊くぐる、またぐ、段を上る、下りる、などの簡単な運動をする

＊物を口に入れたりくわえたりしたまま歩かないように注意する

＊手づかみ食べでは、子どもが「自分で食べたい」という意欲がわくように工夫する

安全面に気をつけよう

十分に遊んだり歩いたりできるように、

- 保育室には倒れやすいものを置かない
- 物を口に入れたまま歩かないようにする

など安全面に気をつけましょう。

転がるボールを追いかける

「ボールころころするよ」とボールをよく見せ、床に転がします。「ボール待て待て」と保育者もいっしょに高ばいで取りに行きます。背筋、腹筋、脚力、腕の筋力をじょうぶにします。

ピョンピョン遊び

いっしょに歌をうたいながら、ピョンピョンと跳びます。保育者は、軽く手を引っ張り上げて跳びやすいように援助しましょう。全身の筋肉が鍛えられます。

発達の流れ

*片手でふたつの立方体を持つ

*紙を破ったり、シールをめくったりはったりする
（▼P・135「表現活動」編ポイント参照）

*階段に手をついて、1段を追歩で上り、後ろ向きで下りる

*腕全体を動かして線を描く
（▼P・134「表現活動」編ポイント参照）

援助

*個人差に応じてひとりひとりの子どもの発育、発達状態をよく把握し、子どもが興味を持って主体的に行動できるようにする

保育のポイント

ポイント⑤ 日常生活の中で運動機能をはぐくむ
（おおむね1歳3か月ごろ～）

手指を動かすのが苦手な子どもには…

指先に神経支配が十分に行き届いていない子どもは、2歳になってもひとさし指を立てて、1ができません。指のマッサージをしたり、食事のときにそばに付いてスプーンに手を添えて持ち方を介助したりしましょう。

出席帳にシールをはる

登園すると自分でカバンから出席帳を出し、その日の日付に指先を使って注意深くシールをはります。

散歩はイメージを持って

「今日は公園までお散歩」など、子どもにあらかじめ目的地を伝えて道のりのイメージを持つことで、楽しく散歩ができます。しっかり歩いて、足腰の力をつけましょう。

つづく

＊三輪車にまたがり、足で地面をける

＊ロッカーの開閉に注意を払うようになる

＊コップの水を違うコップに移す

＊でこぼこ道を転ばずに歩く

＊段（低め）から飛び降りる

＊子どもが自分から遊べるように、園庭に運動遊具や用具をそろえるなど環境を整える

＊「次は○○しよう」「これができたら、△△もできるね」など、目的意識を持って運動ができるように言葉をかける

着脱の場面で

（▶P.75「衣服の着脱」編ポイント参照）

１歳半ごろになるとパンツをひとりで脱ごうとしたりはいたりしようとします。指先に力を入れて、しっかり握り込む大切さに気づいていきます。

食事の場面で

（▶P.37「食事」編ポイント参照）

１歳前半では上握り、後半では下握りになり、２歳になると親指とひとさし指で挟んでほかの指で支えて食べられるように、ひとりひとりに合わせて介助しましょう。

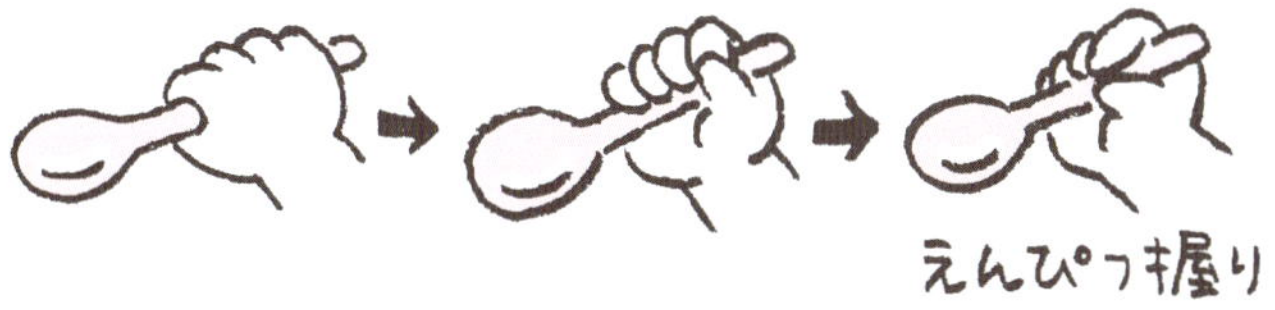

かたづけの場面で

玩具のかたづけでは、保育者もいっしょになって行なう中で、楽しく物をつかんだり持ったりする体験ができるようにしましょう。物を持つ、離す、を繰り返し、力がついていきます。

造形活動の場面で

（▶P.135「表現活動」編ポイント参照）

台紙にはってある付箋などの粘着力の弱いものを使って引きはがす遊びをします。そして、丸シールなどをはがす遊びに移行します。それができれば、指先の力もついてきます。

発達の流れ

*手を持ってもらい、足を交互に出して平均台を渡る

*両足でピョンとその場で1回跳ぶ

*容器のふたを開ける

援助

*技能がある、ないにこだわらず、全身を使って楽しく遊べるようにする

保育のポイント

ポイント❻

ハサミやえんぴつを使って

(おおむね2歳ごろ〜)

安全に使えるように

道具や遊具など、子どもが接する物の安全な使い方を教えていきましょう。

★ハサミとえんぴつの使い方

●ハサミの持ち方と切り方

(▶P.137「表現活動」編ポイント参照)

親指を小さいほうの穴に入れ、大きい穴にひとさし指と中指を入れます。体の真ん中でゆっくり刃先を広げ、紙を挟み、指先に力を入れて刃先まで閉じます。

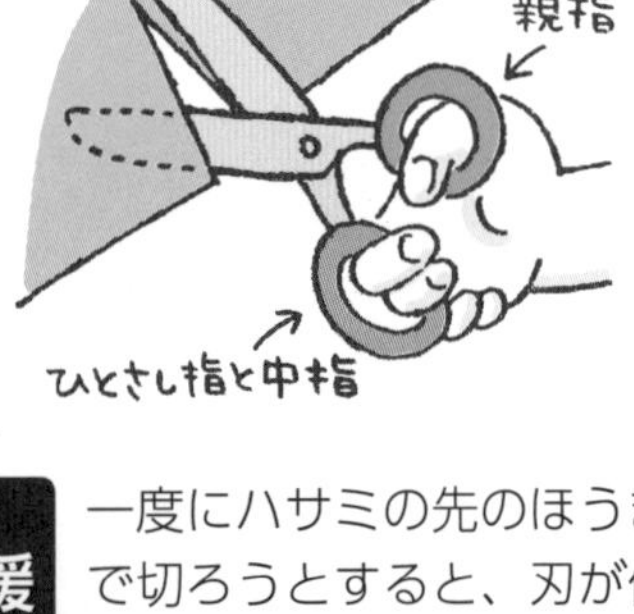

援助 一度にハサミの先のほうまで切ろうとすると、刃が倒れやすいので、少しずつ切るように助言します。

●えんぴつの持ち方と書き方

親指とひとさし指でえんぴつの下から3㎝ぐらいのところをつまみ、中指の指先の側面で支えて持ちます。えんぴつを少し斜めに立て、指先に力を入れて書きます。

(えんぴつは細すぎず、2B以上のものを)

援助 紙に手のひらの小指側を乗せ、親指のはらでえんぴつを支え、ひとさし指を動かして書くように援助します。

*スコップを持ち、手首を使って砂を器に入れる

*粘土をたたく、引っ張る、ちぎるなどして楽しむ

*転ばずにバランスを取って走る

*絵本を1枚ずつめくる

*ハサミで1回切りをする

（▼P．137「表現活動」編ポイント参照）

*ブロックやパズルを組み合わせて遊ぶ

*折り紙を半分に折る

*えんぴつを持って書く

*えんぴつ持ちでスプーンを持つ

（▼P．37「食事」編ポイント参照）

*ひもに大きめのビーズを通す

*散歩に出かける際は、友達の手を握り、歩調を合わせて歩かせ、楽しい一体感を演出する

*個人差に応じて、えんぴつやハサミの正しい使い方を知らせる

ポイント⑦

手指の器用さを身につけよう

（おおむね2歳ごろ～）

じっくり待つ

手指の動きが器用ではなくても、「急がなくてもいいからね」などと言って、じっくり待つ姿勢を見せて安心させましょう。

楽しい雰囲気で

子どもがやってみたくなるように、手指を使う動作の見本を楽しい雰囲気の中で示しましょう。

広告紙をちぎったり丸めたり

いろいろな固さの広告紙を、イメージを持ってちぎり「～みたい」と命名したり、固く丸めてボールを作ったりします。

発達の流れ

＊両足で連続してその場で跳ぶ

＊30㎝くらいの高さの物を、片足ずつまたぐ要領で跳び越す

＊片足で着地（ケン）をし、両足を開いて着地（パー）を1回する

＊折り紙で三角や四角を折る

（▼P・200「概念形成」編ポイント参照）

援助

＊子どもがしたいと思ったときにすぐできるように、用具などを用意する

＊子どもが集中して遊べる環境をつくる

＊できなくても「がんばったね」などと、しようとした過程を認め、褒める

保育のポイント

ポイント8 さまざまに運動機能を伸ばす遊び（おおむね2歳後半ごろ～）

室内で

●マット

マットに寝転び、両手を上にあげて横転したり、援助されながら連続横転をしたりします。平衡感覚、柔軟性が育ちます。

●ボール

３人ぐらいが足を広げて床に座り、友達に向かって、ボールの転がし合いをします。目と手の協応性が育ちます。

●カラーリング（フープ）

カラーリング（中型）またはフープを１個、２個、１個、２個、１個と床に並べ、ケンパー遊びをします。リズム感、脚力、平衡感覚が育ちます。

●とび箱の上の台

とび箱の一番上の台を置き、前にマットを敷きます。台に上がり１、２の３の合図で跳び降ります。跳躍力、柔軟性が育ちます。

*土踏まずができてくる

*連続で"ケンパー"で跳べる

*すべり台の逆さ上りをする

*鉄棒のぶら下がりを少しの間する

*三輪車をこぐ（ペダルを踏む）

*パンツをしっかりと握って引き上げる

▼P.77「着脱」編ポイント参照

*促されて目標に向かって走る

*ボールをついて取れる（1回）

*バランスを取る能力は特に経験差が大きいので、苦手な子どもにはそっとサポートする

*子どもが新しくできるようになったことを喜び、「みて、みて」などと言ってきたときは、「よかったね」などと声をかける

よかったね
みて、みて！

*三輪車の収納場所を「車庫」として、遊び終わったら車庫に戻す楽しみを持つようにするなど、かたづけの工夫をする

車庫に戻しましょう

戸外で

●三輪車

三輪車にまたがり、両足で地面をけって進みます。前方を見ながら、ハンドルを握り、足を動かす協応性が育ちます。

●巧技台

階段、穏やかな坂道、くぐり台などを組み立て、上ったり下りたりして、筋持久力をつけます。

●平均台

平均台の上に立ち、両手を広げバランスを取り、足を交互に出して渡ります。平衡感覚が育ちます。

●運動棒

運動棒を、子どもがまたげる高さにセットし、連続またぎをして遊びます。平衡感覚、足の筋力をつけます。

発達の流れ

*車の危険を知り、道路を安全に渡ろうとする
*ふたつの動きをひとつの運動としてまとめる
*俊敏に走ったり、相手の動きに対応したりできるようになる
*でんぐり返りをする

*つま先歩き、後ろ歩きなど、いろいろな歩き方をする
*ボタンの留め外しができる
▼P・80「着脱」編ポイント参照

援助

*右手と左手が違った動きを協応しているか注意して確認し、できていないときは介助する

*着脱、食事、遊びなどを通して、つかむ、握る、持つなどの経験を豊かにできるようにする

保育のポイント

ポイント⑨
ふたつの動きをひとつに（おおむね4歳ごろ〜）

ぞうきん絞り （▶P.104「清潔」編ポイント参照）

ぞうきんを縦に持ち、左右の手を協応させて左右反対にねじります。うまくねじって、固く絞ることができるよう、楽しい雰囲気を演出しましょう。

高く跳ぼうとする

おしりを落として、両手を下げ、跳ぶと同時に手を上げることで、反動により、より高く跳ぶことができます。

ひとりジャンケン遊び

右手でグー、チョキ、パーをし、左手はそれに勝つものを出します。左右別の動きは脳の働きを活発にします。

ボールをける

けるポイントに合わせて「いち、にの、さん、でキックだよ」などと助言し、ボールをける位置を考えて、全身でタイミングを図り、けります。

つづく

＊右利き、左利きが定まってくる

＊ボールを投げたり受けたりする

＊ひし形が描ける

＊縄跳びを使って両足跳びをする

＊リズムに合わせてスキップ、ギャロップをする
（▶P.140「表現活動」編ポイント参照）

＊その子どもなりの成長をとらえ、できたときの喜びを認め、褒めるようにする

＊自分の力を試そう、挑戦しようとしている子どもを応援する

＊「やりたくない」「できない」というマイナスの感情を出しているときでも、否定的な態度を取らず、受け止める

ポイント⑩

転ぶときに手が出るように（おおむね4歳ごろ～）

保護者といっしょに

褒めましょう

転んだときにとっさに手が出たら、「じょうずな転び方だったよ」「手を出せてえらかったね」などと褒め、大けがにならなくてよかったことを伝えます。家庭と連携して取り組むようにしましょう。

転ぶときに手が出る安全な習慣を

●自分で気づくように

転ぶときに手が出ると安全であることを、伝えましょう。

●走る経験を通して

走る経験を豊富に積むことで、転んだときに、とっさに手が出るようになります。

●でこぼこ道、坂道をよく歩く

ふだんから体のバランスを取る機会を多く取り、転びかけても体勢を立て直せるようにします。

発達の流れ

＊縄跳びを使って両足跳びをする

＊鉄棒で前回りや逆上がりをする

＊はん登棒（登り棒）を登る

＊とび箱を跳び越す

援助

＊友達同士をつないでいくことで、教え合い、刺激の与え合いができる協力体制をつくっていく

＊結果よりも、繰り返し努力をして成長していく過程を褒めるようにする

保育のポイント

ポイント⑪ 集団遊びを通じて（おおむね5歳ごろ～）

グループ対抗の紙飛行機大会

紙飛行機を遠くに滞空時間を長引かせて飛ばすには、羽根やおもりの工夫などが重要。友達と考え協力して勝利を目ざすように促します。

サーキット遊び

サーキットコースを歩く・走る・跳ぶ・転がる・渡る・くぐる・登るなどをみんなですることで、さまざまな運動機能が伸びます。友達と同じ用具を使う楽しさを味わいます。運動用具の配置（順番）に配慮しましょう。

鬼ごっこ

鬼の動き方を予測して、どこに逃げるかを考えます。役割を意識して、ルールをわきまえ、同じ目的を持って、友達と遊びます。

つづく

＊ジャングルジムを登り降りする

＊複雑に手指を動かしたりタイミングを図ったりして、投球・捕球がうまくなる

＊側転をする

＊足と手のリズムを合わせて、うんていを渡る

＊固結びやちょう結びをする（▼P・83「衣服の着脱」編ポイント参照）

＊できることの個人差が大きいので、ひとりひとりに対応した援助を心がける

＊体のいろいろな部位と連動するような手指の動きができるよう援助する

＊繰り返し挑戦する姿勢を褒める

縄跳び

大縄跳びでは、縄の複雑な動きを見てタイミングを図り、リズムよく跳びます。足が引っ掛からないように、両足連続跳びを続ける力、リズムをつかむ力がはぐくまれます。

ドッジボール

ボールが飛んでくる速さや場所、キャッチしたり避けたりするタイミングなどを図る必要があります。友達と協力する楽しさが、体をダイナミックに動かし、チームとしての意識も高めます。

指人形劇や指影絵

人形の首や両手を操作する手の協応性や、動きとせりふを合わせる友達との協同性が楽しさを倍増します。

保護者といっしょに

小学校生活を見据えて

基本的な運動は、体のバランスを取る動き、体を移動する動き、用具を操作する動きの3つです。子どもの発達をいっしょに確かめます。

知っておこう！

5歳児の運動能力及び運動の種目とねらい

筋力

筋力ほか…●つり輪へのぶら下がり、振り、懸垂などができる
●ケンケン跳び→跳力　●かけっこ→走力
●ボール投げ→投力　●低鉄棒→懸垂力・筋力
など

持久力

筋持久力…●ジャングルジムで鬼ごっこができる
全身持久力…●リレー（1人20～30m）やクライミングができる
など

調整力

平衡性…●平均台の上を歩く（1m）、ブランコにじょうずに乗る
協応性…●大きいボールをキャッチしたりけったりできる
敏《しゅん》捷《びん》性…●走っているときの急停止、方向変えができる
柔軟性…●マットでの連続前回りやふたりで手を握り横転をする
巧《こう》緻《ち》性…●ボールを当てたりけったりついたりするのがうまくなる
など

運動能力が高まることで

●**平衡性が高まると…**
つまずいたとき、「オットットッ」と体勢を整えられます。

●**敏捷性が高まると…**
倒れたとき、とっさに手をついて顔を打ちません。

●**巧緻性が高まると…**
走ってきた友達とぶつからないよう、身をかわします。

●**筋力（関節のバネ）が高まると…**
段差から跳び降りたときに、しりもちをつきません。

例えばこんな運動や遊びで…

平衡性

平均台を渡ったり、障害物を避けながら走る遊びをしたり、ジャングルジムでの追いかけっこ、マットでのでんぐり返りなどで平衡性が鍛えられます。

敏捷性

フルーツバスケットや、ドッジボール遊びなどで鍛えられます。

筋力

鉄棒で逆上がりをしたり、カラーチューブを引っ張ったりして足や腕を鍛えます。

年齢に応じて！

運動機能向上のため環境のポイント

ハイハイをしたくなる環境

●広いスペース
家具などを移動させ、広いスペースを確保しましょう。

●滑りすぎない？
床は滑りすぎないか点検し、毛の短い敷物を敷きましょう。

●ぬいぐるみなど
子どもが興味を持つようなぬいぐるみや、起き上がりこぼしなどの玩具を目の届くところに置きましょう。

型組み遊び

厚手の紙でパンダなどのパーツを作り、置いておきます。パズルの要領で、頭や体、手、足を組み合わせ、パンダにしあげます。

着せ替え遊び

ケント紙でかわいい子どもを作ります。着せ替えて遊べるように、平面のいろいろな服を作りましょう。保育者の作った豪華な衣装に熱中して遊びます。

現場の悩みに答える！ **運動機能**編

Q&Aコーナー

ハイハイがうまくできません

Q 片足を引きずった状態の「片足ハイハイ」をしています。どうしたら両足を使ってハイハイをするようになるのでしょうか？

A **あおむけの姿勢で両足を交互に動かす赤ちゃん体操をしましょう。**

ハイハイをしている状態をよく観察し、両手が交互に動いていて背中が曲がっていなければ、麻痺の心配はありません。利き足だけを使っていますので、両足を使う神経を刺激する目的で、赤ちゃん体操をしましょう。足首を持ち足を交互に曲げます。

よく壁などにぶつかる子どもには

Q 5歳になるのに、よく扉や壁にぶつかります。注意力がなく視野が狭いのか、物を避けることができません。どうしたらよいのでしょうか？

A **5歳児は敏捷性《びんしょうせい》や巧緻性《こうちせい》などの調整力がついてきます。遊びで身につけましょう。**

とっさに身をかわす敏捷性が育っていないと、人と衝突してしまいます。円形ドッジボールは、外円からボールが飛んできたとき、そのボールに当たらないように敏捷に走りながら身をかわす遊びです。繰り返し遊びながら調整力をつけます。

スキップはどう教えれば？

Q リズム感がないのか、スキップができない5歳児のAくん。どう指導していけばよいのでしょうか？

A **棒にまたがって「お馬パカパカ」とギャロップをし、リズムを体得します。**

3歳ごろにギャロップができるのですが、体操棒などにまたがって、「お馬パカパカ」とギャロップで走らせます。並行して、連続片足交互のケンケンをして、体のバランスの取り方を覚えます。ギャロップのリズムとケンケンを同時にするとスキップができます。

イスに座るとずり落ちてきます

Q 座ることが苦手な3歳児のBくん。気がつけばいつも寝転んでいます。イスに座るときも、ズルズルとずり落ちてしまいます。どう対応すれば…?

A **足を投げ出して向かい合わせに座り、手を取って「ボートこぎ」の遊びをします。**

3歳児はまだまだ全身の筋肉が弱い子どもが多く見られます。保育者と向かい合わせで、足を投げ出して座り、両手を握り、「ボートをこぎましょう」と節を付けて歌い、手を引き寄せたり体を倒したりします。背筋、腹筋、腰筋、太ももの筋肉などを楽しみながらつけていきましょう。

ハサミが苦手です

Q 4歳児のAくんは、うまく左手で紙を回すことができず、ハサミで円を切れません。どう指導すればよいでしょうか?

A **右手のハサミ使いに意識を集中して、左手の別の動きができないのです。無理をしないように。**

左手で紙を持ち、左右自由に動かし、右手のハサミはそれに沿って、ジグザグに切る遊びをします。それができるようになれば、左手をゆっくり内側に回して、切り目が曲線になるように自由に切っていきます。それらの感覚がわかるようになれば、円に挑戦します。

手指の力が弱い子どもには?

Q 3歳のBちゃんは、ヨーグルトや乳酸菌飲料のふたをあけられません。手指の力が弱いのでしょうか？　どう指導していけばよいか、教えてください。

A **パンツの後ろをきちっと上げられていますか。指先の力が弱いだけではなく、意識の集中ができないのでは。**

3歳になると、好奇心がおう盛で気持ちが散漫になりがちです。排せつ後パンツの後ろが上まで上げられてなかったり、靴下のかかとがずれていたり、注意して見ると指先に力が入っていないことがあります。また、周囲をきょろきょろしていて注意力散漫になっていないかなど、生活全般から意識して行動するように指導しましょう。

効果的な手指の遊びは?

Q 0歳児の子どもたちに、スプーンをじょうずに使えるよう、今から手指の遊びを取り入れたいと考えています。どのような遊びが効果的でしょうか?

A **動物が口を開けたような袋を壁に掛け、フェルトで作った食べ物をスプーンで食べさせる遊びをします。**

スプーンで食べ物をすくう動作と、「はいどうぞ」と口に入れるイメージの両方を促す遊びです。スプーンを上握りをして注意しながら、食べ物をすくおうとします。それを動物の口に持って行き、食べさせて遊びます。ほかには、器から器にスポンジを移す遊びをします。

第7章

表現活動編

まずは「表現活動」に関する、年齢ごとの押さえを挙げています。
P.132からの解説を読むためのきっかけにしてください。

知っておこう! 0歳児

親しみを持っている人にあやされると、手足をばたつかせて喜んだり、喃語《なんご》で応答したりします。

首が据わり握力がつく4か月ごろになると、見た物に手を伸ばし、握ったり、振ったり、なめたりします。指先の力がつくと、小さな物をつまんだり、両手に玩具などを持って打ち合わせたりします。絵の具を染み込ませたスポンジを紙の上にこすり付け、偶然出た色や線を楽しむ姿もあります。

知っておこう! 1歳児

水、砂、泥など、自然の素材の感触を全身で楽しみ、つもり遊びで言葉が出始めます。

歩行が始まり好きな所へ探索に出かけます。砂場では砂の感触を楽しみながら、スコップで砂をカップに詰めて、手首のスナップを効かせてひっくり返し、プリンができると喜びます。泥んこ遊びから小麦粉粘土、フィンガーペイント、ブロッククレヨンを使ったなぐり描きへと展開します。

知ってこう! **5歳児**

自然物や素材に触れていろいろな教材体験をし、感動したものを描いたり作ったりします。

曲想や歌詞の内容を理解し、気持ちを込めて歌ったり演奏したりします。自分の言葉に即興的に旋律（メロディー）を付けて自由に楽しみます。音程やリズムも正確になり、強弱をつけて体で表現します。友達と共通のイメージを話し合い、さまざまな用具や教材を使い、共同製作ができ、遊びに発展します。

知ってこう! **4歳児**

ふたつの動きをひとつにまとめる力がつき、手先の器用さも増してひし形が描けるようになります。

指先の握り込む力が強くなり、粘土質の硬い土を芯にして、泥団子作りに熱中します。金づち、くぎ、ノコギリなどさまざまな用具がなんとか使えるようになり、自分のイメージしたものを作ろうと、造形活動を楽しむようになります。音程やリズムに気をつけて歌をうたったり、リズム合奏をしたりします。

知ってこう! **3歳児**

手や指を使って素材に触れたり、道具を使い始めたりします。描く、作る喜びを感じ始めます。

なぐり描きから形へと表現が質的な変化を遂げる発達の節に当たる時期です。イメージも豊かになり言葉として表現できたり、描画表現においても大小の丸や棒線を組み合わせたりできます。3歳後半には最初の人物が登場します。顔から直接手と足が出る「頭足人」と呼ばれるものを描きます。

知ってこう! **2歳児**

横に手を振って線のなぐり描きをしていたのが、小さい丸を閉じるように描くようになります。

言葉で表現し、伝達できるようになります。それにともなって手首や指先を使って紙に小さな丸を描き、その中に点々を描いて「キンギョ」などと命名するようになります。2歳児の発達の大きな特徴です。音楽に興味を持ち、知っている歌を部分的にうたったり、体を揺らしたりします。

表現活動における発達の流れ・援助と保育のポイント

おおむね4か月

※あくまでも目安です。発達には個人差があります。
※(造)は特に造形に関するもの、(音)は特に音楽に関するものです。

発達の流れ

＊身の回りのさまざまな物に触れたり、口に入れたりして感触を楽しむ

＊玩具を握った手を振ると、もう一方の手も振る

＊目と手の協応が始まり、物を取ろうとする。手が届くと喜び、握ったりなめたりする

援助

＊身の回りにある危険な物は取り除き、触っても安全な物は清潔にしておく

保育のポイント

ポイント❶

握る、引っ張るなどの行為を楽しむ遊び
(おおむね6か月ごろ～)

手作り玩具を作ろう

(▶P.110「運動機能」編ポイント参照)

●握る・振る～ガラガラ～(6～7か月ごろ)

握力がつくのは3か月ごろですが、目と手の協応によって見た物に手を伸ばし、つかんで振れるようになるのは6～7か月ごろです。

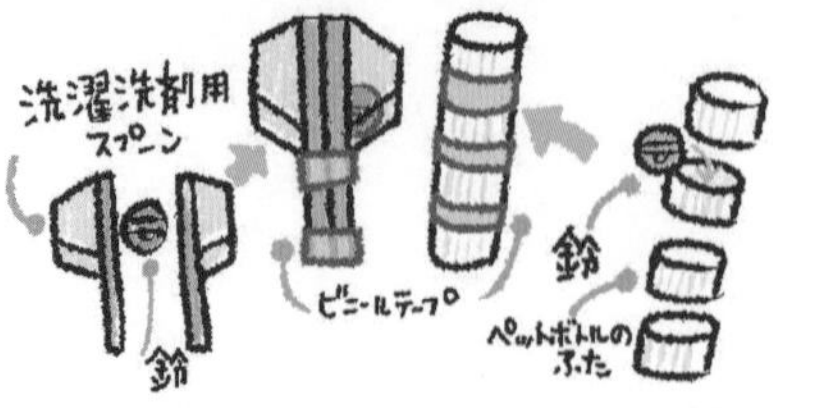

●引っ張る～ハンカチボックス～(10～12か月ごろ)

指先の力がつき、細かな物がつまめるようになると、穴から布などを引っ張り出す玩具を喜びます。

●つまんで入れる～ポットン落とし～(12か月ごろ～)

ひとさし指と親指をピンセットのように向かい合わせ、つまむことが巧みになり、意識的に離して遊びます。

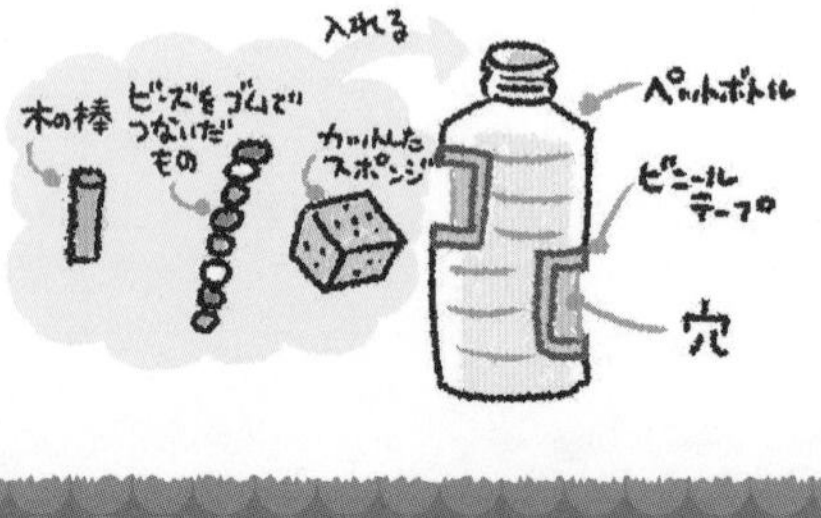

* 小さい物に注意が向き、触る
* 物を引っ張ったり、つまんだりする
* 水面をたたき、水しぶきに興味を示す

* 保育室に飾ってある装飾や作品などの興味がある物を見て、指をさして喜ぶ

* 両手に持っている物を打ち合わせる（音）
* ブロックをつないだり外したりすることを楽しむ

* 汚してもよい服装にし、室内の環境を整えておく

* 子どもが夢中になっているときは、温かく見守る

保護者といっしょに

作品展では子どもの遊んだものを！

作品展だからといって、描く・作ることにこだわらず、ふだんの子どもが遊んだ物を展示して、保護者に伝えるのもいいですね。

●つなぐ・くっつける～パッチン、ペッタン～（12か月ごろ～）

初めはつながっていた物を引っ張って外していますが、右手と左手を操作してつなぐことに興味を持ちます。

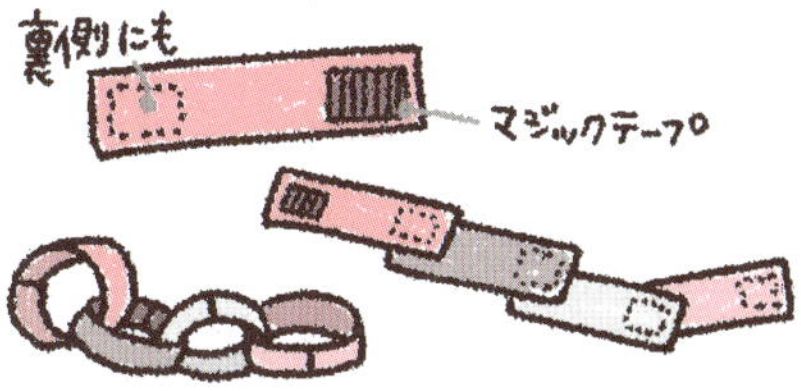

●通す～ひも通し～（14か月ごろ～）

ビーズなどを持った指を固定し、よく見て別の手に持ったひもを穴に通す操作は集中力と指の巧緻性《こうちせい》を育てます。

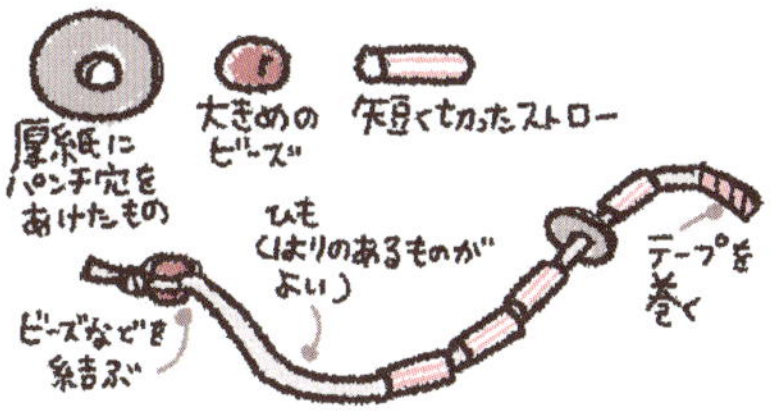

反応を楽しむ～引き玩具～（6か月ごろ～）

木製の車の引き玩具を、引いて歩くとカタカタ音がするので、喜んで引きます。

発達の流れ

＊楽しいテンポの曲を聴くと体を揺する（音）

＊紙を破って遊ぶ（造）

＊シールはりを楽しむ
（▼P.117「運動機能」編ポイント参照）

＊小麦粉粘土を触ったり、たたいたり、ちぎったりすることを楽しむ（造）

援助

＊小麦粉粘土や紙を口に入れないように注意して見守る

保育のポイント

パス・ペンなど

描画材を持って、手を動かすことで、思いがけない跡が残る楽しさがあります。

環境づくり例

大きな紙に描く

ロッカーや壁などに模造紙をはります。子どもは場を探して、立って描いたり移動して描いたりします。

ポイント❷

いろいろな素材や画材に親しもう
（おおむね1歳ごろ～）

なぐり描きの発達について

個人差はありますが、子どもの体の発達とともに、描き方も変化していきます。

0歳児 → 2歳児

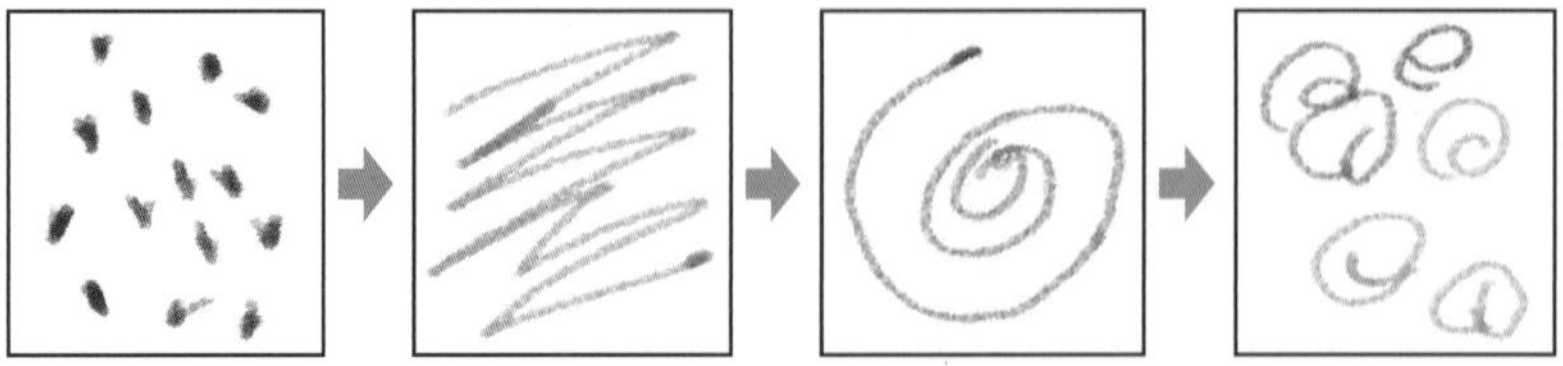

①パスなどで点々を描く

援助のしかた
偶然描けた点を褒めて、いっしょにおもしろがりましょう。

②腕を左右に動かし大きく横に描く

援助のしかた
手首だけを動かして描くのも認め、線が描けたことを褒めましょう。

③腕を回転させて描く

援助のしかた
しっかりと握って力強く描くといいことを教えましょう。

④小さい丸をひとつひとつ閉じて描く

援助のしかた
しっかりと見て描く大切さを伝えるとともに、描いたものに意味づけをしましょう。

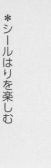

＊砂場の砂を触って感触を楽しむ

＊パスを握って点々を描く（造）

＊フェルトペンやパスなどを使い、腕全体を動かして線を描く（造）

＊小さな物をひとつひとつつまんでは箱などに落とす遊びを好む

＊清潔で安全な環境を整えておく

＊使い始めはトントンとたたきながら描くなど、楽しみながら画材に親しむように工夫する

シール（▶P.117「運動機能」編ポイント参照）

自分の指先ではがしたシールが、ほかの場所に移る意外性を楽しみます。

環境づくり例

しかけのあるところへ

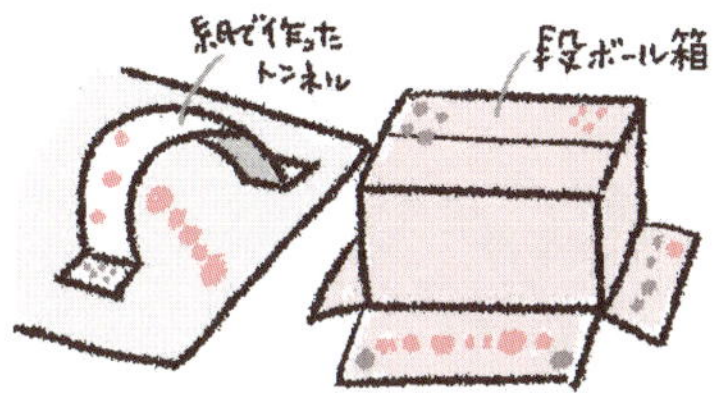

段ボール箱など、立体的な物にもはれるように用意し、子どものようすを見守りましょう。

紙（新聞紙など）

ちぎったり破ったり、また、そうした物を丸めたりして楽しみます。

環境づくり例

破りたくなるしかけ

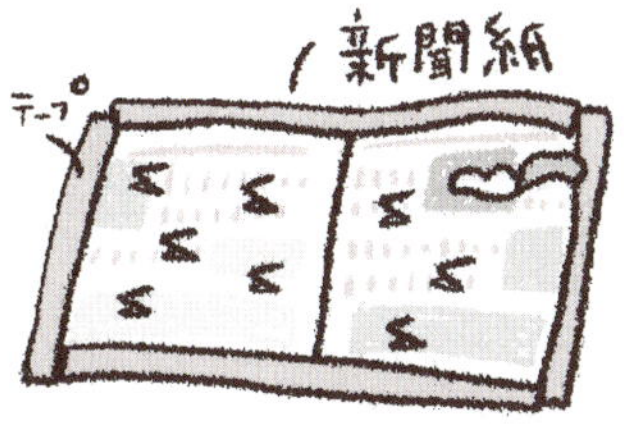

紙に子どもがつまめるくらいの切り込みを入れて、破りたくなるようにしてみましょう。

小麦粉粘土

軟らかい感触や、伸ばす、つつくなど形を変化させることを楽しみます。

環境づくり例

形を残す

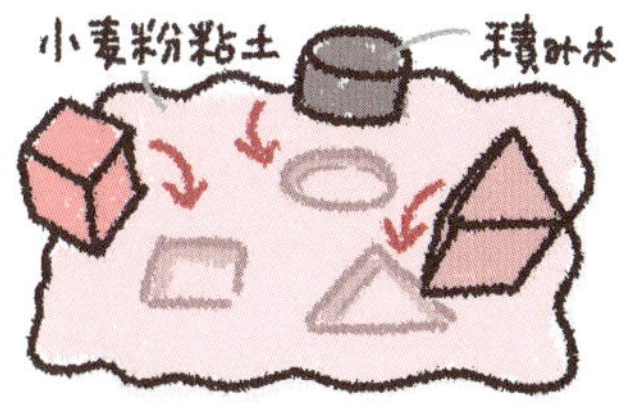

平らに伸ばした小麦粉粘土に、ブロックや三角、四角の積み木を押し当てて、形を残す遊びを楽しみます。

発達の流れ

*立方体5～6個を積む（造）

*和太鼓をたたいて喜ぶ（音）

*粘土や泥んこ遊びを楽しむ

*小さい丸をひとつひとつ閉じて描く（造）

*紙をちぎったり、丸めたりして形の変化を楽しむ（造）

▼P.119「運動機能」編ポイント参照

援助

*目と指先が協応するように「よく見てね」などと声をかけ、できたときはいっしょに手をたたいて喜ぶ

*散歩などでさまざまな自然物に触れ、豊かな実体験を積み重ねていくようにする

保育のポイント

ポイント③ のり（接着剤）を使ってみよう（おおむね1・2歳ごろ～）

基本の使い方

少しののりをひとさし指に取り、紙に塗ります。のりを塗った紙を台紙にはり、数秒間押さえます。

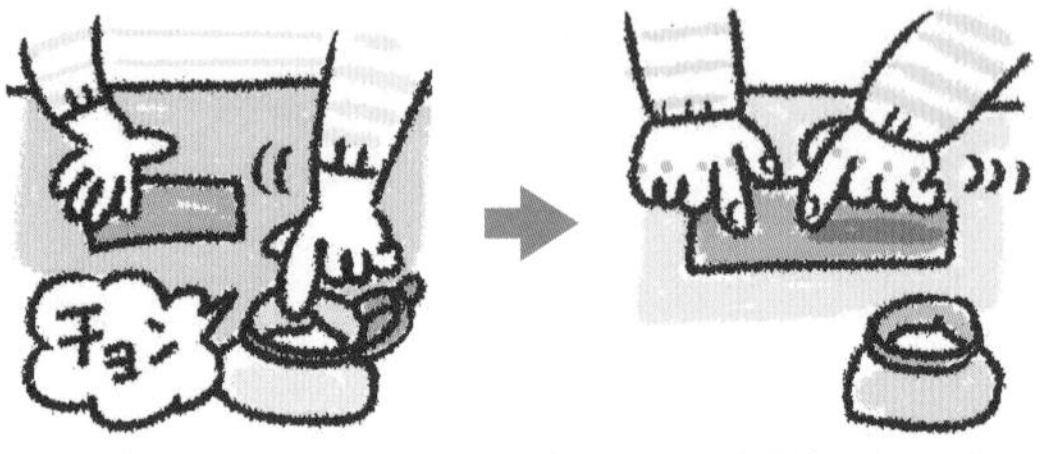

※手ふきタオルを用意しましょう。

のりを使った活動例（おおむね1歳～）

●ケーキ作り

画用紙を円筒形の箱などにはり、スプレーのりを吹き付けます。イチゴ、リンゴ、ブドウなどの形に切った紙をはります。慣れてきたらのり付けを経験します。

そのほかの使い方

●小さな立体物をはるとき（低年齢児向け）

発泡トレーなどの平らな容器に接着剤を薄く伸ばしておきます。子どもは、そこにはりたい物をチョンと付けて、台紙にはります。

●木工用接着剤

ドングリなどの小さい物に木工用接着剤を使いたいときは、指に付かないよう綿棒を使って接着剤を塗る方法もあります。

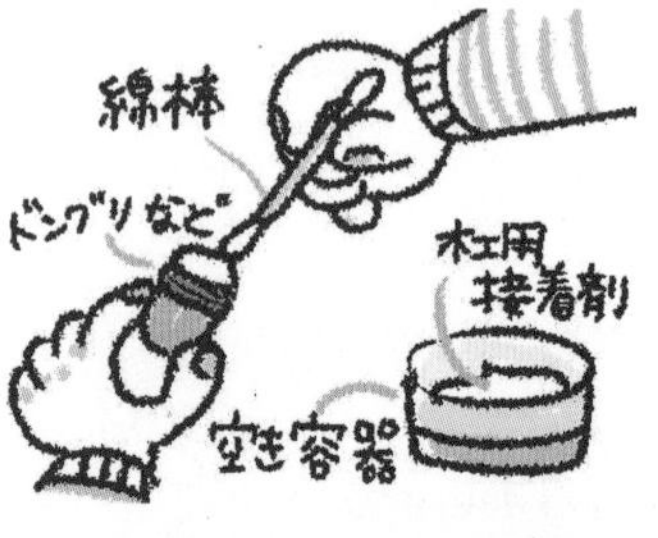

つづく

*リングベルを振って喜ぶ（音）

*ハサミで1回切りをして喜ぶ（造）
（▼P.118「運動機能」編ポイント参照）

*えんぴつを持って書く
（▼P.118「運動機能」編ポイント参照）

*のりを使って大きい紙に小さい紙などをはる（造）

*危険を伴う用具を使う場合は使用の注意などを十分に行ない、また、使用中には危険がないように見守っていく

ポイント❹
ハサミを使ってみよう
（おおむね2歳ごろ～）

（▶P.118「運動機能」編ポイント参照）

ハサミを使うときの約束

①ハサミは刃が付いていて、皮膚など大事な体でも切れる危険な物であることを知らせ、刃の部分を触らないように注意しましょう。
②人に渡すときには、持ち手を相手に向けましょう。

基本の使い方

持ち手の小さいほうの穴に親指を、大きいほうの穴にひとさし指と中指を入れて持ちます。親指を上にして、体の真ん中でゆっくり刃先を広げたり閉じたりして、切ります。

1回で切り落とすことから

初めは、１回で切り落とせる幅１～２㎝の細長い紙（画用紙など）を切ります。まずは、保育者が見本を示します。慣れてきたら、紙の幅を広げ、連続で切るようにしましょう。

ハサミを使った活動例

タコの頭と足８本の直線を描き、足の下から、直線を切って頭の部分で止めます。足をえんぴつでクルクル巻き、筒状に留めるとタコが完成します。

発達の流れ

＊いろいろな色を使うことに興味を持ち始める（造）
（▼P.198「概念形成」編ポイント参照）

＊水平の線、十字形、丸を描く（造）

＊粘土で自由に形を変えることを楽しむ（造）

＊ハサミを連続で動かし、直線を切る（造）

援助

＊汚したり散らかしたりしてもよい服装や、室内の環境づくりをし、気分を発散させる

＊紙をしっかり握り、ハサミを倒さないように立て、親指の力を均等に入れるように言葉をかける

保育のポイント

ポイント5 作りたい・描きたい意欲を引き出そう!（おおむね3歳ごろ〜）

体験から

●イモ掘り

例えば、イモ掘りの経験を、感動が冷めないうちに、絵にしましょう。イモの大きさや重さ、色や友達の表情、景色なども思い出しながら描くようにします。

●虫とのふれあい

園庭での探索などで見つけた虫との出会いの感動を絵にします。「足はどうだった?」「色は?」などと思い出しながら、絵や形に残していきましょう。

●ペインティング

フィンガーペインティングやボディペインティング、泥んこ遊びなど、ダイナミックな遊びの経験を絵に残します。混色にこだわった表現をしてみましょう。

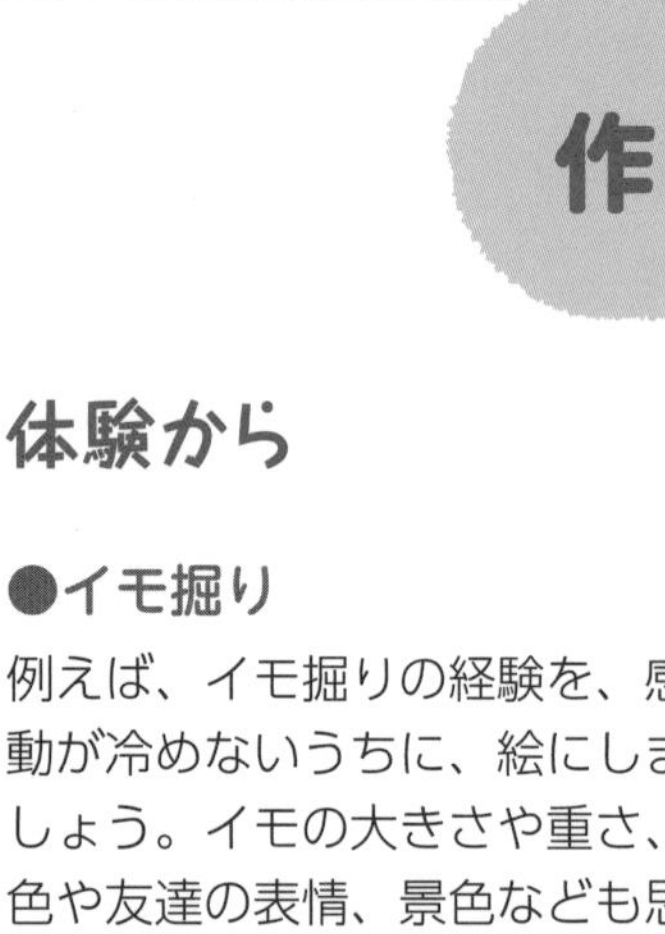

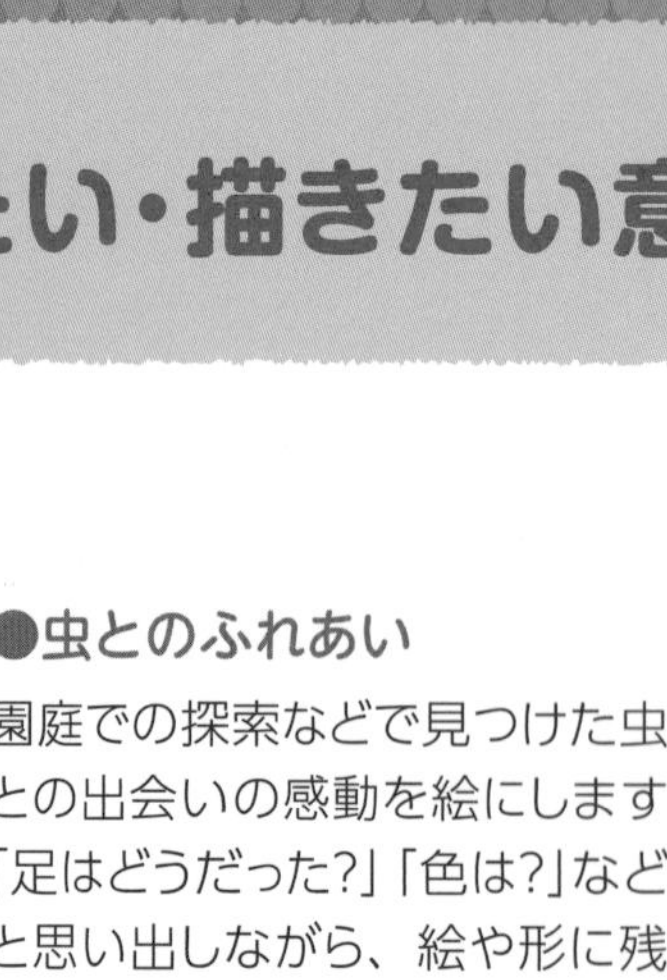

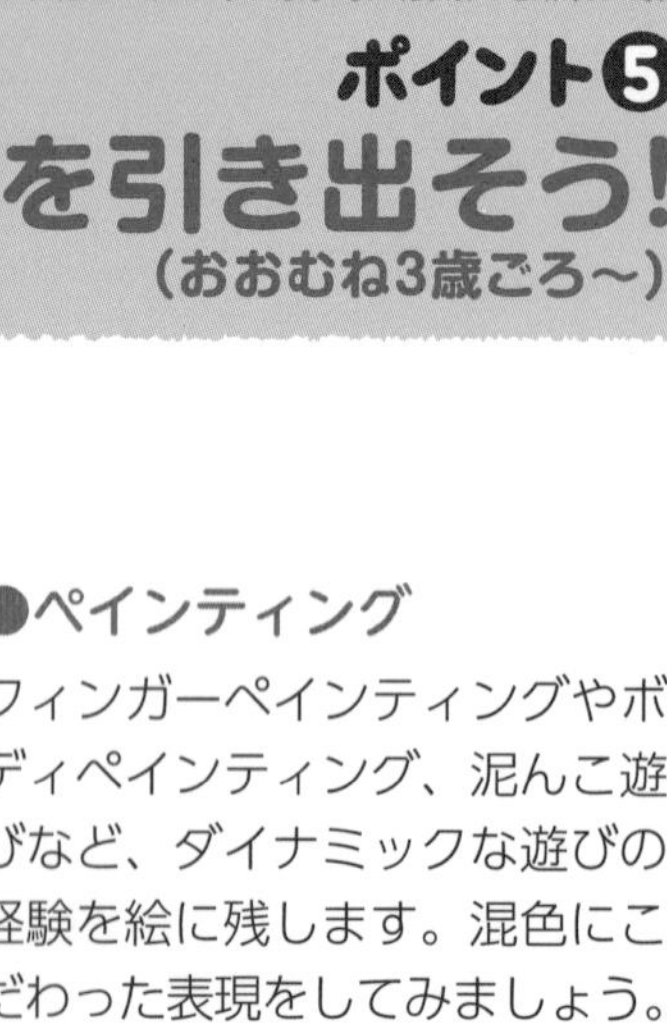

つづく

＊動物などになりきって遊ぶ

＊保育者といっしょに簡単な折り紙を楽しむ（造）

＊経験したことや想像したことを描く（造）

＊"頭足人"を描く（造）

＊いろいろな物の色、形、その組み合わせのおもしろさに気づく（造）

＊フィンガーペインティングを楽しむ（造）

＊子どもの「つもり」を認めながら、徐々に遊びの発展を図る

＊のびのびと遊びながら表現をする喜びを味わえるようにする

なかなか描き始められない子どもには…

●絵遊びなどで

写実的な形にとらわれて、躊躇《ちゅうちょ》しているタイプの子どもには、画用紙に絵の具を点々とこぼし、ストローで吹いて広げる絵遊びなどで緊張をほぐします。

●画用紙の上で混色を

色合わせができずに描き出せない子どもには、画用紙にじかに絵の具を乗せ、その上で混色をしていくとその勢いで描けるようになります。

絵本や童話などの虚構体験から

ペンギン、ホッキョクグマがテーマの童話、絵本などから、イメージを膨らませ、段ボールで南極大陸や北極、粘土でペンギン、ホッキョクグマなどを作ります。意欲的にダイナミックな共同製作にして作品にします。

つづき

発達の流れ

＊簡単な童謡を最後まで歌う（音）

＊手足を使ってリズムを取る（音）

＊紙を細かくちぎって造形する

＊好きな絵本を繰り返し読み、ごっこ遊びに発展させる

援助

＊楽器などを使って表現する楽しさを伝える

＊子どもの意欲を大切にする

＊保育者がいっしょに遊んだり、そばで援助をしたりして、子どもの不安を取り除いていく

保育のポイント

ポイント❻ 音とリズムと歌を楽しもう（おおむね3・4歳ごろ～）

美しく正しいリズムに注意する

音感やリズム感は、小さいときほど身につきます。リズム楽器などは、１種類を渡して正確なリズムを体感させます。雑音は禁物です。

ステップを使った遊び

歩く、走る、スキップする、止まるなど、ピアノの曲に合わせて身体を動かします。ウマ、ウサギ、カメなど、好きなものを表現してみましょう。

ギャロップを使った遊び

好きな曲をかけ、体育棒をまたぎ、ギャロップをします。『おんまはみんな（訳詞：中山知子　アメリカ民謡）』などの歌をうたいながら、ウマになって走ります。

＊色を塗って濃淡に気づく（造）

＊曲の速さに合わせてリズム打ちをする（音）

＊聞いたことを自分なりに想像して、絵にする（音）

＊粘土でさまざまな形を作り、見たて遊びを楽しむ（造）

＊自分のイメージや目的に合った材料を選び、工夫して描いたり作ったりする（造）

＊形に沿いながら曲線を切る（造）

＊なかなか描きだせない子どもには、実物を触ったり観察したり、しっかり対象をとらえ（認識）、伝えたいもの（イメージ）が描けるようにする

＊粘土を握り、手を放すと、偶然にできた形からいろいろな物に見たてて遊ぶことに共感する

保護者といっしょに

でたらめな歌を共に楽しむ

家庭でも、子どものでたらめに口ずさむ歌を大切にして、いっしょに楽しみながら、十分に表出する満足感を味わえるようにしてもらうよう、伝えましょう。

リズムを使った遊び

ピアノや大太鼓、タンブリンなどを使って、さまざまなリズムを作り始めます。リズム楽器の音質を聞き分け、旋律に合ったリズムを組み合わせましょう。

音の当てっこ遊び

キーボードのいろいろな効果音を聞かせ、何の音か、当てっこをします。例えば、雨の音の場合は、そこから子どもが自分で床をたたいたり、飛び跳ねたりするなどの表現遊びに展開できます。

つづき

発達の流れ

*友達と作品を見せ合い、大切にしようとする

*友達といっしょに物を作ったり描いたりして表現する（造）

*リズムの変化がわかり、リトミックを楽しむ（音）

*ひし形を描く（造）

援助

*それぞれの個性の違いやよいところを認め合う仲間づくりを進め、共通のイメージをはっきりさせ目当てを持って取り組むようにする

保育のポイント

ポイント7 自然とふれあいながら豊かな感性を！（おおむね3・4歳ごろ～）

花の色で染めて遊ぼう〈花びら〉

オシロイバナを摘み、花びらをもんで色水を皿に集めます。白い和紙を４つ折りし、折り目や角を赤い色につけ染めていきます。広げて干し、乾くと美しい染め紙の完成。

収穫した野菜でスタンピング〈野菜〉

オクラを輪切りにすると、星の形になります。スポンジにいろいろな色の絵の具を染み込ませスタンプ台を作り、オクラに付けてケント紙に模様作りをします。

保護者といっしょに

子どもが興味を示すものから

リンゴやレモン、ダイコン、レンコンなど、家にある実物を触って、つるつる、ごつごつ、などを体験したり、かじって味を知ったりする機会を持つよう、伝えてみましょう。

つづく

＊生活の中で、さまざまな音や動きなどに気づいたり楽しんだりする（音）

＊風の動きに気づき、風で動く物を作ったり試したりする

＊さまざまな素材を使ってイメージどおりのものを作り上げる（造）

＊思い切り体を動かせる空間をつくる

＊季節、自然事象の変化にふれる機会を積極的に持ち、みんなでいっしょに話し合い、見て考える機会を設ける

ポイント8

地域の自然や社会的行事などで（おおむね4歳ごろ～）

近所の公園やお花畑など

保育者といっしょに、見てきたチューリップやカエルなどを折り紙で簡単に折ってみましょう。

盆踊りなどに参加する

地域に伝わった音頭などは、伝統的なリズムでしぜんに楽しめます。

石ころ染め〈石〉

きれいに洗った石を布に包み、根元をゴムでぐるぐると巻いて留めたら、染料につけます。乾かしたらゴムをほどき、布にできた模様をみんなで見せ合いましょう。

あぶり出し遊び〈野菜や果物〉

野菜や果物をおろし金ですったり、しぼり器で絞ったりして果汁を作り、それで好きな絵を描いて、あぶり出すおもしろさや不思議さを味わいます。（あぶり出すときは、火に注意しましょう）

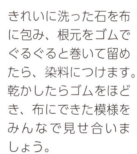

発達の流れ

＊共通のイメージを持って共同製作ができる（造）

＊立体的な物、写実的な物を作って楽しむ（造）

＊美しい曲、優れた曲を楽しむ（音）

＊リズムに合った楽器を選び、リズム合奏をする（音）

援助

＊ひとりひとりの表現を認め、励まし、相手の立場を認め合いながら、協力し合って表現する喜びが感じられるようにする

＊共同画や共同製作をする場合は、複数の子どもが共通のイメージを持って、ルールをつくったり十分に話し合ったりできるようにする

保育のポイント

ポイント⑨ 複雑な表現をみんなで楽しむ（おおむね5歳ごろ〜）

即興的に身体表現をする〈音楽〉

動物の鳴き声を模倣したり、擬音を使った描写音楽での表現をしてみたり（『村のかじや』『ことりのうた』『とけいのうた』など）するなど、即興的に表現する取り組みを試みましょう。

みんなで踊る〈音楽〉

フォークダンスやモダンダンス、日本や世界の伝統的民族舞踊や地域の盆踊りなど、さまざまなタイプのダンスをみんなで踊りましょう。

絵描き歌〈音楽と造形〉

歌に合わせて描くことを楽しみます。自分たちでも相談しながら言葉や形を組み合わせてできる絵を考え、遊びを発展させていきましょう。

つづく

＊絵描き歌で遊ぶ

＊経験したことや想像したものをのびのびと描く（造）

＊用具をきちんと整とんすると気持ち良いという感覚がわかる

＊簡単な話作りをする

＊劇遊びなどで、独特の発想や演技を発揮する

＊輪唱、交互唱、部分合唱など、いろいろな歌い方を楽しむようになる（音）

＊音楽に合わせてリズミカルに体操をする

＊地域の自然や社会的行事などに興味を持てるように、積極的に参加できるようにする

＊友達との盛んな交流によって表現が深まるように、友達に作品を見せ合う機会や意見交換をする時間を豊富に設ける

ポイント⑩

表現を深め合おう（おおむね5歳ごろ～）

子どもたち自身が主人公

一方的に教えるのではなく、ひとりひとりの個性やアイディア、表現のしかたを尊重し、自由にのびのび表現できるようにしましょう。主体的に取り組めるように、声をかけたり、援助したりして、最後まであきらめずに活動できるようにします。

それぞれの個性を発揮させる

製作の過程でそれぞれの子どもの得意とするところを、みんなで認め合ったり、個性が発揮されるように励まし合ったりし、達成感が味わえるように援助します。

成就感を持てる部分を担当させ自信を

描画や製作の技術的なレベルの個人差から、劣等感や差別感を持ち、落ち込む姿が見られた場合は、成就感を持てそうな部分に誘導し、見守ったり褒めたりします。

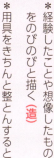

知ってておこう！

感覚機能を知っておこう（おおむね0歳ごろ～）

●視覚
目で見たものを脳で処理し、認識して、初めて「見える」といわれます。生まれたての赤ちゃんでも光を感じることが可能です。

どう援助？

保育者が、乳児と視線をしっかり合わせ（固視）、見つめ合ったことを確かめてから、にっこりと笑ってこたえましょう。

●聴覚
聴力は胎内ですでに存在し、妊娠7か月ごろには、外の世界の音を聞いているといわれます。

どう援助？

ガラガラなどの玩具は、明るく響き、美しく、軟らかく、豊かな音色の物を選び、よく見せてから聞かせ、聞こえ方の反応を確かめます。

●味覚
味覚は、乳幼児までがもっとも敏感な時期です。甘味、酸味、塩味、苦味、うま味の5種類が基本的な味覚です。

どう援助？

甘い物を好む傾向があり、甘い飲料になじむと白湯《さゆ》を飲まなくなります。与える物は、うま味で薄味にしましょう。

●嗅覚
生まれたときから、においが感じられるとされます。においの刺激は鼻の粘膜にある受容体から嗅神経を通して脳へ伝えられます。

どう援助？

お乳のにおいに敏感です。哺乳瓶をかたわらに持って行き、目や顔を動かすようすを見て飲ませます。

●触覚
触覚においては、手、特に指先がもっとも敏感な器官です。痛み、冷たさ、温かさなど、多様な刺激を感じます。

どう援助？

ふわふわ、つるつる、さらさらなど感触のよい物を安心して触れるようにします。

みんなで楽しむ感触遊び（おおむね5歳ごろ～）

●手で触って何かを当てる遊び
段ボール箱の上に、子どもの手が入る穴をあけ、中にえんぴつ、消しゴム、ゴルフボールなどを入れ、手で触って何かを当てて遊びます。

●触って質感を言葉で表す遊び
シルクサテン→つるつる。
フィンガーペイント→ぬるぬる。
砂→ザラザラ。
小麦粉粘土→ベタベタ。
羽毛→ふわふわ。
など表現します。

年齢に応じて！

表現の力を高める環境のポイント

表現への興味が高まる環境づくりを（おおむね0歳ごろ〜）

下のように、部屋をコーナーごとにパーティションで区切って、子どもの表現への興味が高まるようにしましょう。

※吹き出しは声かけ例。共感・代弁などをするとよい。

教材・教具を選べるように（おおむね5歳ごろ〜）

子どもが興味・関心を持って、自分なりに友達とは違う独自の作品を作ってみたり、また、友達と相談したり工夫しながら作ったりできるように教材・教具を用意しておきます。

現場の悩みに答える！ 表現活動編 Q&A コーナー

友達の絵をまねる子どもには？

Q 絵を描くのが苦手なAくん。すぐに隣の子どもの作品をまねして、同じものを描きます。自分ならではの絵を描いてほしいのですが…。

A **形（意味）にこだわり緊張する性格の子どもに多いので、心を解放します。**

例えば、壁面に大きな模造紙をはり、「花火を上げよう、シュルシュル」と声を出しながら、下から上へパスを引き、「ドン」「パ、パ、パ」と言いながら、いろいろな色を四方八方に塗り広げて遊ぶことで、独自性が出せるよう援助します。

歌うときの場所は？

Q 歌うときに、並ぶラインとしてテープをはっているのですが、必要でしょうか？　自由に好きな場所で歌うほうがいいとの意見もあるのですが…。

A **歌うときは心も体もリラックスしたほうがいいので、ふだんはラインは不要。**

並ぶラインを意識して、足元ばかりに注意がいき緊張します。体の緊張を解きほぐし、気楽に歌うと、遠くに響く声で楽しく歌うことができます。ふだんの保育の中では、並ぶ位置は子どもの判断に任せることでのびのび歌えるようにしましょう。

画材との出会いは？

Q パスや絵の具と、どのように出会わせてあげれば、抵抗感を少なくできるのでしょうか？

A **形を描かせ（Drawing）ないで、色で描く（Painting）。**

パスや絵の具という画材に向かうと、形を描かないといけないという意識に駆られますが、例えば、手で握ったスポンジに絵の具を吸わせて画用紙に自由に滑らせたり、トントンとたたき塗る楽しみから始めると抵抗感が少ないでしょう。

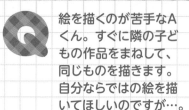

黒一色で描く子どもには?

Q 何色で描くのかを指定しないと、黒一色で描くBくん。別の色を使うように言っても、それに少し赤が足されるだけ。どう指導すれば?

A **まず、黒一色でのその子の表現を認めたうえで、さまざまな色に興味が持てるようにします。**

例えば、画用紙を半分に折り、片面に赤、黄、青などの色の絵の具をぽたぽた落とし、片面をかぶせてトントンとたたかせます(デカルコマニー=合わせ絵)。開くと色が混ざって美しい色彩に感動する経験をすることによって、多くの色に接する楽しみを味わわせましょう。

きれいな声で歌ってほしいのに…

Q きれいな声で歌ってほしいのに、怒鳴《どな》るような大声で歌う子どもがいます。悪い目だち方をしてしまうのですが、どう指導すればよいでしょうか?

A **自分の声が聞こえていない子どもは多くいます。録音して聞かせましょう。**

友達といっしょに歌う斉唱は、みんなの声を聞きながら声を美しく合わせて歌う手法なのですが、子どもは自分だけがんばって歌うことが多いです。歌を録音し、聞かせることで気づかせましょう。

泥を触るとすぐに手を洗います…

Q 泥を触ると、すぐに手を洗いたくなる子どもがいます。もう少し泥で遊んでほしいのですが、どうすればよいのでしょうか?

A **泥遊びの前に、フィンガーペイントで感触に慣れさせます。**

おそらく家庭で体を汚す遊びを禁じられ、どろどろの感触と色が不快なのでしょう。大きなビニールを敷き詰めたテーブルに、3色程度のフィンガーペイントを出し、手のひらで自由に色を伸ばす遊びを経験させ、どろどろ感の心地良さ、色の美しさを味わえるようにしましょう。

ビニールが切れない…

Q 紙はじょうずに切れるのに、ビニールなどを切るのが難しいようです。ハサミをかませて切ることを伝えたいのですが…。どう指導すれば?

A **両面テープでケント紙にビニールをはりつけ、ケント紙といっしょに切るようにします。**

ビニールは、柔らかく、くにゃくにゃ動くので、大人でも切りにくいものです。切りたいビニールの大きさに合わせたケント紙に、両面テープでビニールをはりつけ、ハサミを立ててケント紙ごとしっかり切り、感覚を覚えさせていきます。

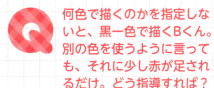

第8章

人とのかかわり編

まずは「人とのかかわり」に関する、年齢ごとの押さえを挙げています。
P.152からの解説を読むためのきっかけにしてください。

知って おこう！ 0歳児

人間の子どもは他人とのつながりなくしては１日も生きていけない、社会的な存在です。

人間の子どもはみずから動くことができないので、大人を自分のほうに引き付ける自発的メカニズムを生得的に持っていて、それが天使のほほ笑みといわれる自発的微笑です。大人が声をかけながら笑顔を見せたり触れたりすると、社会的微笑になり、愛着行動へとつながります。

知って おこう！ 1歳児

特定の大人とのアタッチメントはさらに強くなり、後追い・しがみつきの段階になります。

自分から大人に声をかけたり、やりとりをしたり、大人との相互交渉が発生します。アタッチメント（愛着）が強くなると2次人見知りといわれる後追い・しがみつきの段階になり、母子分離が難しくなります。しかし、同じような年齢の子どもを見ると体を乗り出したり、関心を持ったりします。

知っておこう！ 5歳児

集団で取り組む活動全体を理解し、自分の意見を表明しながら自覚的な担い手になります。

集団内の信頼関係を基盤にして、自分の要求や意見を率直に出せるようになります。そして、自分たちで作戦会議を開き、協力し合って遊びをおもしろくしていこうとします。組織的で集団的な活動が、生活のさまざまな面に行き渡り、主体的なクラスを作ります。

知っておこう！ 4歳児

衝動的なぶつかり合いが少なくなり、4～5人の仲よしグループでごっこを持続します。

友達との結び付きが深くなり、友達関係の中で自己主張ができたり、けんかの仲裁をしたり、ルール違反のことを批判し合ったり、自己調整ができるようになったりします。「明日もしようね」といった約束事をよく覚え、仲間を大切にして実行しようとします。

知っておこう！ 3歳児

他者を意識し始め、「ボクが」「ワタシが」と自己主張が強くなります。

3歳になると、友達を求めるようになり、気の合ったグループができます。そのかかわりの中で簡単なルールのある遊びを体験し、ルールを守り、仲間とかかわるおもしろさを学んでいきます。当番としての仲間への世話、大人の手伝いをして喜ばれることで誇りを持ちます。

知っておこう！ 2歳児

歩行を習熟し、自由に好きな所へ移動できるようになり、子ども同士の関係ができてきます。

2歳ごろから子ども同士の関係も、手をつないだり、追いかけっこをしたりと、積極的にかかわるようになります。一方で同じ場所で、同じような遊びを平行して遊んでいても満足する社会的な遊びの始まりの段階でもあります。また、相手の立場の理解不足からトラブルが起こりやすいときでもあります。

人とのかかわりにおける発達の流れ・援助と保育のポイント

おおむね 0か月

発達の流れ

※あくまでも目安です。発達には個人差があります。

＊空腹になると不快になり、満腹になると快になるなど、生理的な刺激で情緒が現れる

＊大人の顔を見るとほほ笑み、いなくなると泣くようになる（6か月に向けて）

＊動く人を目で追う

＊何にでも手を伸ばすようになる

援助

＊子どもの泣き声などの信号を受け止め、要求にこたえる

＊目と目が合うと、ほほ笑みかけたり、「ここにいますよ。○○ちゃん」などと言葉をかけたりして応答性を大切にする

保育のポイント

ポイント❶

情緒を安定させ、かかわる力を育てるために（おおむね4か月ごろ～）

情緒的なかかわりを強くする

●目をしっかりと見て話す

目は口ほどにものを言う、といいます。優しいまなざしで、子どもを見つめましょう。

●笑顔で

大人の笑顔を見て、子どもが安心するようになります。

だっことおんぶで安心感を！

だっこやおんぶは、大人の体温が直接伝わり、子どもにとって心地良いものです。得られた安心感は、情緒の育ちによい影響を与えます。しっかりとだっこ、おんぶをしましょう。

*「いないいないばあ」を喜ぶ

*あやされると喃語《なんご》でこたえる

*抱いたときなど、大人の顔をいじる

*音に反応する

*抱かれることに慣れる

*「高い高い」をしてもらうと喜ぶ(強く揺さぶらないように気をつける)

*見慣れた大人の顔を見ただけで、自分からほほ笑みかける

*温かい気持ちとまなざしで、「そうだね」「うんうん」など、相づちを打つ

*保育室の玩具や室内装飾、絵本などに興味を示したときは、「なんだろうね」などと言葉をかける

指さしや喃語にほほ笑んでこたえる

(▶P.175「言葉の獲得」編ポイント参照)

指さしや喃語など、子どもの意思や要求にほほ笑みながら、子どもの気持ちを代弁するようにこたえましょう。

こんな場合は要注意(虐待の疑い)

子どものころの家庭での虐待は、その子どもの将来の社会性にも影響を及ぼします。保育者は常に注意を払うようにし、早期発見に努めましょう。

●下着や服が汚れている

入浴、清潔な衣服を着せるなど生活の世話は保護者の義務です。放置することは、虐待の一種です(ネグレクト/育児放棄)。

●体にアザがある

子どもへの身体的暴力、たたいたり、つねったりした跡形がアザです。虐待を疑って調査しましょう。

遊びながらかかわる

●模倣遊びをする

模倣遊びは、よい情緒の結び付きを形成します。

●何にでも手を出す

むやみにやめさせるのではなく、布などを引き出して遊ぶ玩具など、安全な物を渡すのもいいでしょう。

おおむね
6か月
つづき

発達の流れ

＊不快が、怒り・嫌悪・恐れに分化する

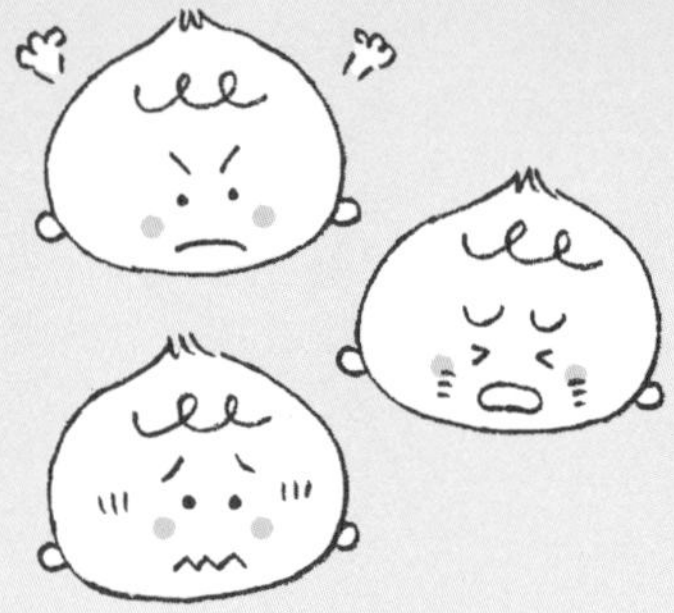

＊身近な大人の反応をじっと見るようになる

＊模倣遊びを楽しむ

援助

＊子どもの動作に対して「〜しようね」「〜は○○だね」など、子どもの思いを言葉に出すことで心が通い合うようにする

＊子どもが偶然手を振ったときに、「バイバイ」と意味づけたり、頭に手を当てたとき、「おつむテンテン」と言ったりする

保育のポイント

ポイント❷ 愛着関係を深めよう
（おおむね6か月ごろ〜）

愛着関係を深めることで

その存在を安全基地にして、探索活動を行ない適応していきます。また、母親から離れて探索する結果、母子分離が進み、自我や自己の発達につながります。

愛着関係を深めるために…

●ボールの受け渡し（やりとり遊び）

子どものイメージをくみ取り、「ありがとう」「どうぞ」と笑顔で言いながらボールの受け渡しをします。

●タッチング遊び（ふれあい遊び）

リズムを取ったり歌をうたったりしながら、子どもの手や顔、体などに触れて遊びます。

●読み聞かせでコミュニケーションを

読み聞かせは、信頼関係をはぐくむ手段です。一方通行ではなく、「どうなると思う？」とコミュニケーションを深めるような言葉をかけながら、ゆったりとした雰囲気で読み聞かせをしましょう。

つづく

＊自分の意思を、親しい大人に伝えたい欲求が高まる

＊握力がつき、握った物が力を抜くことで手から落ちることに興味を持って、物を投げるなどの行為が目だつようになる

＊うまく伝えられない「いらだち」から、物を投げるなどの行為が目だつようになる

＊保護者や親しい保育者が手を差し伸べると喜んで自分から体を乗り出してくる

＊物を投げる行為を否定するのではなく、空き箱など投げ込むことができる玩具を用意し、物を投げる遊びを共有する

＊子どもがほほ笑んだときに「こんにちは、〇〇ちゃん」と言って喜びを共有する

ポイント❸
子どもの情緒的応答性を意識して
（おおむね6か月ごろ〜）

情緒的応答性とは

特に乳児は、初めて見る人や物に出会うと、不安や恐怖心を持ち、大人に表情や行動で訴えます。これを「情緒的応答性」と呼びます。

社会的参照の例と保育者のかかわり

初めて見る玩具にとまどう場合、保育者は「おもしろそうなおもちゃね」と言って笑顔で玩具に触って見せることで、子どもも安心して遊び始めます。

ピグマリオン効果（教師期待効果）

「保育者がよい期待をする（褒める）と、それにこたえ、結果として期待どおりになる」というもので、例えば子どもがオマルでの排せつに、情緒的な大人の期待によって前向きになる、などが挙げられます。

おおむね 8か月 つづき

発達の流れ

＊人見知りが始まる

＊読み聞かせに興味を持つようになる

＊そばにいた人がいなくなると泣く（8か月不安）

＊指さしが多くなる

＊「ちょうだい」と言うと、手に持っている物を渡してくれる

援助

＊担当保育者ができるだけ子どものそばを離れず、安心感を与える

＊「おもしろいね」「なんだろうね」など、指さしに対して温かい反応を見せたり、「きれいね」「おはなね」と応えたりする

保育のポイント

ポイント4

人見知りへの対応を

（おおむね8か月ごろ～）

子どもを怖がらせない

子どもが警戒しているときは、いきなり目を合わせたり、近づいて話しかけたりして、無理に慣れさせようとするのは避けましょう。

ようすを見ながら少しずつ…

玩具を見せるなどして、子どもが関心を示すのを待ちます。子どものほうから手を伸ばすようになったら、ようすを見つつ、少しずつ目を合わせたり、ふれあったりしていきましょう。

「いないいないばあ」をして、イメージを持たせる

ハンカチなどで顔を隠し、「いないいないない…」と言います。子どもは今いた人のイメージを持とうとするので、「ばあ」と言いながらそーっとハンカチを取ると一瞬注視します。この遊びを繰り返しましょう。だんだん慣れてきます。

＊愛情が大人に対して表れ始める

＊世話をしてくれる大人への愛情が友達に対する愛情へと広がる

＊「いや」という言葉を使うようになる

＊特定の人を後追いしなくなる

＊思いどおりにならないとだだをこねる

＊物のやりとりを喜ぶ

＊登園して来た子どもを、子どもたちといっしょに喜んで迎え、誘い合って遊ぶようにしていく

＊「いや」と言う子どもには、子どもの気持ちを受け止めてから、「どうしたいの?」などと思いを聞き、自分で決められるようにする

ポイント⑤
自己主張が強くなったら（おおむね1歳ごろ～）

「いや！」「ジブンデ！」の背景には

●自立への旅立ち

ひとりで歩き、行動の主体者として自覚できるようになることで、「大人の指示で行動しない」と自己主張をし始めます。自立の第一歩です。

保育者のかかわり

●どうしたいの？

自分なりの心の世界を意識化し始めた証《あかし》なので、「どうしたいの?」「どの靴下を履きたいの?」などと思いを聞き、自分で決めさせます。

●自我の拡大過程

「もっと欲しい」「もっと遊びたい」などの要求が強く出てきます。大人から止められると「どうして?」と言い返します。理由を聞き認識します。

保育者のかかわり

●思いを受け止める

「これ全部大切なものなのよね」「欲しいのよね」とまずは思いを受け止めます。いったん満足すると他人の要求もかなえようと、譲る気持ちが出ます。

発達の流れ

*友達と手をつなぐ

*何かを見せようとして人を引っ張る

*名前を呼ばれると返事をする

*人形やぬいぐるみを抱き締めて愛情を示す

*ほかの子どもが保育者のひざに上がると怒って押しのけることもある

*褒められるのを喜ぶようになる

*「みててね」の言葉が多くなる

援助

*子どもの感情の変化や欲求などを敏感に察知し、受け入れ、子どもがどんなときでも心身共に安定して過ごせるようにする

*躊躇《ちゅうちょ》しているときは、「見ているよ」などと声をかける。できたときは、喜びを共感する

保育のポイント

ポイント❻

子どもの「みててね」にこたえよう(おおむね2歳ごろ～)

「みててね」の背景には

●褒められたい(期待)

「うまくやって、褒められたい」と、そのことを成し遂げて褒められるのを期待しています。

●少し怖いな…(不安)

「できるかな。できないかな」「少し怖いな。だいじょうぶかな」などと期待と不安を同時に持っています。

保育者のかかわり

●できた喜びを共感

積み木遊びで、最後のひとつを積み終えたときなど、目を合わせニコッと笑い合いましょう。

保育者のかかわり

●きっかけをつくる声かけ

台から飛び降りようかと躊躇している子どもに「1、2、3」と声をかけるとパッと飛べるようになることもあります。

おおむね
2歳後半

＊自己主張が始まる

＊意思表示として、よく泣くようになる

＊生活の中の簡単な決まりを守ろうとする

＊友達の物と、自分の物との区別がつくようになる

＊大人や物が仲立ちとなって、友達との簡単なごっこ遊びを楽しみ始める

＊友達の名前を覚え、呼ぶ

＊泣く子どもには、まず保育者はリラックスした状態で「いやだったんだよね」などと言いながら共感する

＊同じような人形で、平行遊びをしているときに、「いっしょに散歩に行きましょう」と誘い、イメージを共有する場を増やしていく

ポイント7

かんたんなごっこ遊びを楽しもう

（おおむね2歳ごろ～）

ごっこ遊びでの社会性の育ち

●自己を意識し人とかかわる

ごっこ遊びの過程で物、自分、他人の三項関係がわかるようになり、物と人とのかかわり方を知ります。

●共に遊び楽しさを味わう

共通のイメージを持ってごっこ遊びをしながら、ひとり遊びではない楽しさを味わいます。

●喜びや悲しみなどの感情を知る

遊びでの温かな感情のやりとりを通して、友達の感情に気づくようになり、共感の基礎が育ちます。

ごっこ遊び

（▶P.181「言葉の獲得」編ポイント参照）

●食べ物屋さんごっこ

お店の人とお客さんの好きなほうを選び、模倣したり言葉のやりとりをしたりすることを楽しみます。

●おうちごっこ

２歳ごろは、お母さん役になりたい子どもが多く、人形を赤ちゃんに見たてて世話をする遊びが展開されます。人形や哺乳瓶、寝具を多く用意し、お母さんの模倣を見守りましょう。

つづき

発達の流れ

*知っている大人に話しかける

*あいさつをしようとする（▼P.178「言葉の獲得」編ポイント参照）

*想像と現実との混乱からうそをつくことがある

*反応をうかがいながらうそをつくことがある

*してはいけないことをしないようになる

*「私」の観念が増してくる

*順番を待つことを理解する

援助

*子ども同士のトラブルは、両方の気持ちをしっかりと受け止め、気持ちを代弁し、話し合ったり、あやまったりすることを伝える

保育のポイント

ポイント8
ひとり遊びから友達との遊びへ
（おおむね2歳後半ごろ～）

平行遊びって？

複数の子どもが同じ場所で、交流はなくそれぞれが遊びます。横にある玩具を自分の遊びに取り入れようとして起こるトラブルを機会に、友達の遊びに気づかせ連合遊び（※）につなげていきます。

※連合遊び…イメージを共有し、友達とかかわりながら展開する遊び。

平行遊びでの子どもを見る視点

●ひとりで十分に遊びを楽しんでいるか

イメージしていることや遊びの展開をよくしゃべっているのは、楽しんでいる証拠です。

●遊びがマンネリ化していないか

積み木を車に見立てて走らせていた子どもが、同じ動きを繰り返すなどの行動は、ひとつの遊びに飽きてきた姿です。車庫を作り「車を車庫へ入れましょう」などと遊びを展開させます。

●友達の遊びが気になっているかどうか

遊びに集中せずに友達の遊んでいる玩具を欲しがったり、つなげているブロックを外したりしているときは、その友達と遊びたい証です。玩具を共有するようにするなど、子ども同士をつなげます。

＊感情の表現が豊かになり、複雑化し始める

＊友達に関心を持ち、同じことをしようとする

＊自分でやると決めたことは最後までがんばろうとするが、甘えたい気持ちもあり、葛藤する

＊けんかを通して、譲り合いや思いやり、自己抑制力などを身につけていく

＊困っている友達を手伝おうとする

＊人の役にたつことを喜ぶ

＊葛藤している子どもには、その姿を見守り、少し距離を置いて待つようにする

＊子どもががまんをしすぎているときには、両肩を優しくなでながら「だいじょうぶよ。力を抜いてリラックスね」と言葉をかけるなどする

ポイント❾

気持ちを切り替えられるように
（おおむね3歳ごろ～）

言葉をかけて切り替えを

転んだときなどは「いたいのいたいのとんでいけ～」などと声をかけ、自分の感情に気づかせます。痛さを受け止められた思いから、気分転換ができます。

共感して落ち着かせる

自分の使っていた玩具を取られ泣いている子どもに、「欲しかったのにね。悲しいね」と共感し感情に気づかせ、遊び相手になって落ち着かせます。

子ども同士の体がぶつかった

トラブルになった場合は、「AちゃんはBちゃんと遊びたかったんだって」などと代弁し、同じ遊びをして友達関係をつなげていきます。

発達の流れ

*同性の友達を意識して遊び始める

*簡単な遊びのルールが理解できる

*喜怒哀楽のほとんどの感情が出そろう

*遊びのルールが理解できる

*気の合う友達ができる

*友達と教え合いをする

*「ぼく」「わたし」の一人称、「あなた」の二人称が使える

援助

*グループでの大規模な遊びや役割がある遊び、複雑なルールがあるゲームなどを通して、ルールを守る意識を育てていく

保育のポイント

ポイント10

自己と他者の理解（おおむね3歳ごろ～）

「ぼく」「わたし」と「あなた」の使い分け

今まで自分のことを自分の名前で呼んでいたのが3歳になると「わたし」と言えるようになります。（あなた、わたしの違いがわかるようになります）

自分を相手の立場に置くことができる

「わたしーあなた」を使用するとき、自分を相手の立場に置き、自己中心性（自分の観点からだけとらえる傾向）から脱却できるようになり、優しさが芽生えます。

仲間意識の高まり

友達とイメージを共有して、同じ遊びをするようになり、「いっしょに遊ぶ」仲間意識が高まり、教え合います。友達に教えたい意識が高すぎて、友達の折り紙を折ってしまったり、画用紙に描き込んだりしないように注意します。

＊「なぜ」と質問が多くなる

＊ままごとで役を演じる

＊はにかみや、何かに躊躇《ちゅうちょ》するという複雑な情緒を見せるようになる

＊自制心の高まりが見られ始める

＊順番を待つことができるようになる

＊衝動的な行動をがまんした子どもの姿をとらえて、「よくがまんできたね」と褒めたり認めたりする

＊子どもがあまり無理をしないよう、注意して見守る

ポイント⑪

自立と甘えとの葛藤を経て（おおむね3歳ごろ～）

教えてほしくない

思うようにできないときに教えようとすると「ひとりでする」と断り、最後まで自分でがんばろうとします。

泣かないもん！

つまずいて転んでしまったときなど、痛いのをがまんする姿などが見られます。

強情

友達の持っている玩具を「かしてかして」と、なかなかあきらめようとしないなど、強情な姿も見られます。

甘え

つらいことがあったら、甘えにきます。安全基地として甘えを受け止めると安心し、また遊びへと戻って行きます。

保護者といっしょに

自分でしたがる姿を見守る

自分でなんでもしようという自立への出発は、一見わがままに見えるかもしれません。ですが、自分でしたがる姿を見守り、少し距離を置いて、待つ姿勢が重要です。

つづき

発達の流れ

*友達へのいたわりや思いやりの心が育つ

*気の合う仲よしグループをつくる

*競争心が芽生え、勝敗を意識する

*相手の感情を理解し共感性が生まれる

*自我の確立により、プライドが高くなる

*「順番交代」が守れるようになる

援助

*ひとりひとりの得意な面を引き出し、自信を持たせ、苦手なことを克服していけるようにする

*ひとりひとりの主張を受け止めたり、提案したことが実現できるように援助したりして、プライドを尊重していく

保育のポイント

ポイント⑫

褒められたい欲求とプライド（おおむね4歳ごろ〜）

競争意識の芽生え

鉄棒が苦手な子どもでも、クラスの友達ができているのを見て競争意識を燃やしたり、「できるよ」と保育者が期待する言葉をかけることで、それにこたえようとしたりします。ただし、子どもがあまり無理をしないよう、注意しましょう。

心のつらさを出さない

嫌いな食べ物も、量を減らさず、がんばって食べようとします。このような姿は、周囲の子どもにも伝わっていきます。

忍耐と感情のギャップによる注意が必要

「〜だけれども〜する」というふたつの感情を統一することができるようになり、しんぼう、がまん、などの耐性がついてきます。心の中のつらさを理解し、がまんしすぎないよう注意していきましょう。

つづく

＊想像力が大きく展開し、絵本やお話の世界を楽しむようになる一方で、空想による恐怖におびえるようになったり、友達と共感し合ったりする

＊イメージを共有して、共同的な遊びを友達と楽しむ

＊ユーモアがわかるようになる

＊ほとんどの生活習慣が自立し、社会に適応していけるという自信を持ち始めるため、仲間で主体的に取り組む活動によって、社会性と自立心をはぐくむ

ポイント⑬

ルールを守る意識が高まるころに（おおむね4歳ごろ～）

グループでの大規模な遊び

例えば砂場で、川を作って水を流す、トンネルを掘るなど、ダイナミックに共同作業を楽しみます。しぜんに生まれたルールをみんなで守り、楽しく遊びが展開できるよう、保育者は温かく見守り、時には声をかけましょう。

明確なルールのある遊び

役割の大切さへの理解が深まります。「かくれんぼう」では探す役と隠れる役、「鬼ごっこ」では追いかける役と、逃げる役と明確な役割があります。役割を守りながらも、集中の限度である１時間をめどに遊ぶよう、保育者は意識しましょう。

使った用具をかたづける

（▶P.100「清潔」編ポイント参照）

製作で使った工具類、ハサミなどは小さい子どもが触ると危険であり、また共有の用具なので、使った後は数を確認し決められた場所へかたづける規範を守るようにします。

発達の流れ

＊感情を自覚し、コントロールすることを覚える

＊共通の目的に向かって役割を持って遊びを楽しむ

＊他人や動植物に、こまやかな愛情を示すようになる

＊友達を評価する

援助

＊役割をやり切ることを認めたり、驚きや喜びなどを共有したりして、仲間意識が強まるようにする

保育のポイント

ポイント⑭

人を思いやる心を（おおむね5歳ごろ～）

友達のつらさがわかりルールをつくる

活動内容の得手、不得手、運動能力の個人差があります。つらい思いをしている子どもに気づき、平等に参加できる新ルールをつくっていきます。

実例

自分たちでのルールづくり

長縄遊びで、跳ぶのが得意な子どもも苦手な子どももみんなが公平に遊べるように、「跳ぶのはひとり2回まで」とリーダーの子どもがルールをつくった。

相互の思いを話し合うチャンスを

個人の欲求や思いのぶつかる場面で、第三者の子どもが仲介するのを見守り、相互の思いに気づかせていきましょう。

実例

仲間のけんかを収める

読みたい本の取り合いで始まったけんかを、第三者の子どもが間に入って収めた。

相手の身になって苦痛を感じ取る

仲間外れは陰湿ないじめにつながるので、外された友達の感情を代弁して理解できるようにし、仲間関係を築くようにします。

実例

仲間外れ

仲間外れにされている女の子を、仲間に入れた。

つづく

＊年長児としての自信を持つ

＊友達とのけんかを話し合いで解決する

＊仲間との結束を強め、その中のひとりとしての自覚が生まれる

＊遊びを豊かにするルールを新しくつくり、守る

＊外国の人々や暮らしぶりに関心を持つ

＊創意工夫や自己表現する姿を認め、仲間との活動が楽しくなるようにする

ポイント⑮

自分たちの力で進める（おおむね5歳ごろ～）

1日の流れを自分たちで決める

全体的な自由遊び、課題遊び、かたづけの時間、食事時間などの1日の流れを自分たちで話し合って決め、時間表などを作って主体的に生活をつくり出していきます。保育者の指示なしで進めます。

責任を明確にして当番活動をする

生活に必要な役割、当番活動の内容などを話し合い、自分たちで、当番表を作り、責任を果たします。絶えず目標を確認し、忘れたり不十分であったりすると、そのつど注意し合い充実した生活にします。

意見が言えない子ども

主体的に生活を組織していこうとしている子どもたちを見守りますが、意見をなかなか言えない子どもには、個別に思いを聞き取り、話し合いのときに代弁して、仲間に加わる援助をしていきます。

知っておこう！

さまざまな情緒・感情と、保育者のかかわり方

５歳ごろになると、情緒が細かく分化し、さまざまな感情が出そろいます。強さや質的変化が見られ、大人と変わらない感情を持つようになります。

●恐れ

「ひとり」「大きな音」「暗やみ」などに恐れを抱きます。少しずつ恐れの対象に慣れさせていきましょう。

●怒り

怒りを強く表すようになります。正当性のある怒りには適切な対応をしましょう。

●失望

遠足の雨天中止などに失望を見せます。次にある楽しいことに目を向けさせる話などをしましょう。

●愛情

飼育動物などをかわいがるようになります。このような動物とふれあう機会は積極的に設けましょう。

●望み

クリスマスプレゼントなどについて希望を話します。「もらったらどうする?」など、話を展開してみましょう。

●喜び

友達と共通の話題で喜ぶ姿などが見られるようになります。保育者もいっしょに喜びましょう。

●照れ

照れながらも、大きな声で歌う子どもに対して、「よく歌声が聞こえてよかったよ」など褒めることで向上心を持ちます。

●しっと

しっとを抱くようになります。しっと心は競争心が変形したものととらえましょう。過度に気にする必要はありません。

●得意

描いた絵などを褒められて、得意になります。「よし、次はもっとうまく描こう」と思えるようなことばがけをしましょう。

6歳になるとさらに情緒の分化が進む

●共感

縄跳びがうまくできない子どもががんばって跳べたようすをいっしょに喜び合うなどをします。

●別れを悲しむ

卒園式の練習で、涙ぐんだり、すすり泣きをしたりする姿が見られます。

年齢に応じて!

人とかかわる力を向上させるための環境のポイント

情緒が安定する環境づくり（おおむね0歳～）

●寝返りをしやすくしてストレス軽減

ベッドのマットを硬めにして寝返りをしやすくすることで、子どものストレスが軽減します。寝返りのときの安全にも注意しましょう。

●衛生的に

環境が不衛生だと、子どもはいつも不快感を覚え、情緒が安定しません。風通しにも注意を払いましょう。

●音楽

時には穏やかなクラシック音楽などを小さい音量で流すことで、気持ちが落ち着きます。

（例）オルゴール：『トロイメライ』（シューマン）
ピアノ曲：『アイネ・クライネ・ナハトムジーク』（モーツアルト）

情緒が安定する環境づくり（おおむね3・4・5歳ごろ～）

●花遊びの場

用意する物：シロツメクサ、レンゲソウ、タンポポなどの花、輪ゴム

赤や白や黄色の花を組み合わせて、花遊びをします。心が和み、情操の基礎が育ちます。

●木の実人形を作る場

用意する物：クルミ、ドングリ、落ち葉、割りばし、目打ち、木工用接着剤

木の実に目打ちで穴をあけ、割りばしを差し込みます。割りばしにいろいろな形の落ち葉をはりつけます。シイの実などの小さな物を、服として飾り付けます。

●磁石で遊ぶ場

用意する物：U字型磁石、下敷きまたは厚紙、画用紙、ゼムクリップ、モール、押しピン、王冠

画用紙などで、人形や、自動車を作り、王冠に乗せたり、ゼムクリップを付けたりします。下敷きの上に乗せ、下から磁石で動かしながら遊んだり、磁石にクリップがいくつ付くのかを楽しんだります。科学心が芽生えると同時に、情操が育ちます。

現場の悩みに答える！ 人とのかかわり編

Q&Aコーナー

保護者の言うことを聞かない子ども…

Q 保護者が子どもを怒らないからなのか、保護者に対して「イヤー」と泣いてやりたいほうだい。どう指導すればよいでしょうか…？

A 子どもがしてよいことと、いけないことを愛情を込めて伝えましょう。

子どもは自分がしてよいこと、いけないことを、具体的な場面で保護者に言い聞かせられることで、向社会的行動が身についていきます。しかし保護者の価値観に問題がある場合は、保育者が保護者に代わって子どもをしっかり抱き締め、どうすればよいのかを話し、保護者にも伝えます。

おおぜいの前で緊張する子どもには？

Q おおぜいの前では緊張して何も言えなくなるDちゃん。劇はもちろん、クラスの中での発表もできません。どうすれば…？

A Dちゃんの得意な領域の面を十分に褒め、自信を持たせましょう。

神経の鋭い子どもは、周囲の状況がよく見え、賢いことが多いのです。Dちゃんの運動が得意だとか、絵がじょうずであるとかの得意分野を十分に褒め、友達にも公表してひとつひとつ自信をつけます。発表の場ではDちゃんの心が落ち着くもの（ハンカチ　など）を持たせましょう。

ゲームで負けるとすぐに泣いてしまいます

Q 負けず嫌いのAくん。ゲームで負けるとすぐに泣いてきげんが悪くなってしまいます。負けて悔しい気持ちを、次につなげてほしいのですが…。

A 負けた悔しさを受け止め、なぜ負けたのかいっしょに考え挑戦の意欲を高めましょう。

勝ち気なAくんの負けた悔しさをまず受け止めます。そして「どうしたら勝てるかな」といっしょに考えます。するとその過程でどうして負けたのか気づくようになるので、「そうか、よし今度はがんばってみよう」と励まし、再挑戦の意欲を持たせるようにしましょう。

仲間外れをする子どもがいます

Q 保育者の目があると、仲よくするのに、保育者が見ていないと思えばBちゃんを仲間外れにするCちゃん。どうすればよいのでしょうか?

A ひきょうないじめにつながるので、Bちゃんのそばを保育者が離れないようにしましょう。

Cちゃんは仲間外れをすることが悪いと知っているからこそ、保育者の前ではいい子を演じています。その場面で「Cちゃん、Bちゃんと仲よくして楽しいね。Bちゃんもうれしいよね。いい子たちね」とおおいに褒めるとともに、意識的に目を離さないようにしましょう。

戦いごっこへの指導方法は?

Q 戦いごっこがブームになっています。なりきることや、気の合う友達とのかかわりは大切だと思いつつも、子どもたちが本当にたたいたり周りを騒々しい雰囲気にしたりすることに悩んでいます。

A 虚構と現実の世界の壁を臨機応変に気づかせ、意識しつつ楽しませます。

自分が英雄になったつもり遊びは、虚構の世界が膨らみ、現実と混同して本気でぶったり、大声になったりします。威嚇《いかく》してぶつかり合ったり、危険と感じたり、盛り上がりすぎたりした場合は、「○○ちゃん、危ない、だめ」と実名を呼んで意識を現実に引き戻します。

知っておこう!

「男の子の遊び」と「女の子の遊び」の違いって?

3歳から見え始める、男の子と女の子の遊びの違いですが、4歳くらいからその差が顕著になります。

●男の子

ヒーローものの話をしたり、廃材で武器を作ってなりきったりするなど、「正義」が「悪」を退治する遊びを好む傾向があります。ヒーローのつもりになると、現実と虚構の敷居が低くなり、高い所から跳び降りようとしたり、危険な行動を取ったりするので、注意しましょう。

●女の子

お姫様に変装したり、おうちごっこを楽しんだりするなど、「なりきる」遊びを好む傾向があります。役柄への好みがはっきりし、固定化されることがしばしばです。友達同士の衝突が起これば楽しくないこと、だれもがヒロインになりたいことを話し合い、配役の交替制のルールをつくりましょう。

第9章

言葉の獲得編

まずは「言葉の獲得」に関する、年齢ごとの押さえを挙げています。
P.174からの解説を読むためのきっかけにしてください。

知っておこう! 0歳児

快・不快を泣き声で表していたのが、適切な援助を繰り返してもらい、泣き方が変わります。

身体的、情緒的な快・不快をただ泣いて表していたのが、周囲の大人が推測し適切な援助を繰り返すことによって、伝達の意図を持った泣き方に変わってきます。きげんの良いときは喃語《なんご》で身近な大人とやりとりを始めます。興味のあるものを指さしたり、一語文が出たりします。

知っておこう! 1歳児

「マンマ」「ブーブー」など、決まった状況で一定の発語をし始め、一語文の時期を迎えます。

自分の名前がわかり、呼ばれると振り向いたり「アイ!」と言って手を挙げてこたえたりするようになります。「待っててね」で待ったり「やめようね」の言葉で行動を止められたり、言葉による指示がわかるようになります。一定のベビーサインや幼児語で、伝達意図が見られ始めます。

知っておこう! 5歳児

日本語の言葉のしくみに気づき、逆さ言葉やしりとりなどで遊べるようになります。

語彙《ごい》が著しく増加し、巧みに言葉を使って日常会話ができるようになり、仮定や因果関係を言葉で表したり、約束、練習、秘密、反対、用意などの漢語が使えたりします。自分の行為の計画や思考を、頭の中で機能させる内言《ないげん》に移っていき、自己コントロールできるようになります。

知っておこう! 4歳児

もっとも話す時期といわれ、頭の中で考えていることをひとり言でいう外言《がいげん》が盛んになります。

日常生活に必要なあいさつを、とき・所に応じて自分からするようになります。語彙は1675～2500ぐらいになり、話しながら考える外言の時期になります。出来事や体験などを接続詞を使って複文で話し始めます。「リンゴは果物の仲間」など上位概念（P.203参照）がわかります。

知っておこう! 3歳児

「ぼく、わたし」などの一人称や「あなた」などの二人称が使えるようになります。

友達との交流に必要な簡単な日常言葉を使用し、他人の意思や要求を理解するようになります。「なぜ、どうして」などの質問が多くなり、外界の物事に関心が広がります。言葉の獲得と同時に、イメージが広がり、絵本を好んだり、ごっこ遊びが多様になったりします。

知っておこう! 2歳児

保育者や友達の名前を覚えたり、自分から名前を言えたりするようになります。

日常のあいさつが言えるようになり、人のあいさつにもこたえます。自分のしてほしいことやしたいこと、意思を言葉で伝えるようになり、言葉の意味が少しずつわかり、「コレナニ」と物の名前に関心を持ち始めます。一語文から次第に「ワンワンきた」など二語文を使います。

言葉の獲得における発達の流れ・援助と保育のポイント

発達の流れ

※あくまでも目安です。発達には個人差があります。

おおむね2か月

＊泣き声が自分の快・不快の気持ちを訴えるような発声になる

＊喃語《なんご》が盛んに出る

＊音節を連ね、強弱、高低をつけて喃語をしゃべる

おおむね6か月

＊多音節、母音が出る（アバアバ、アウアウ）

援助

＊音を反復して返すようにし、音声として表す力を養う

保育のポイント

ポイント❶
喃語でコミュニケーションを（おおむね0歳～）

ゆっくりと優しく語りかける

●気持ちを代弁する

「～したいの？」「～だね」など、子どもの気持ちを代弁しながら語りかけてみましょう。

●歌いかける

子どもが何かを言いたそうな場合、時には歌いかけて、子どもの音声を引き出すようにしてみましょう。

口の機能の発達のしかた

言葉を正しい発音で話すためには、唇・舌・あごなどの筋肉を十分に使うことが大切です。そのために、口をしっかりと動かして、調音器官を育てる食事のしかたを心がけましょう。

保護者といっしょに

家庭でもコミュニケーションを

子どもに合わせて「アー」「ウー」などと声を出し、コミュニケーションを取ると良好な関係がつくられることを、保護者にも伝えていきましょう。

＊喃語で大人とやりとりをする

＊大人が言ったことをオウム返しにする

＊「メ」「ダメ」「じょうずね」など、禁止の言葉、褒め言葉がわかる

＊「ブーブー」「マンマ」など、一語文で話す

＊喃語に意味づけをして、物事と意味とを結び付けて考えられるようにする

＊子どもが「マンマン」と言ったときが食事時であれば、「マンマ」と言って、スプーンで食べ物をすくって子どもの視線を確かめよく見せる

リズミカルな呼びかけを

子どもの欲求と結び付けて、呼びかけをしましょう。
保育者「マンマ、マンマよ」
子ども「マーマー」
保育者「パクパク」「モグモグ」
子ども「パーパー」「モー」

喃語や動作に意味づけをしよう

●手を振ったとき

子どもが無意識に手を振ったとき、保育者が「バイバイ」と言って手を振り、動作に意味があることを伝えましょう。

●遊んでいるとき

子どもがたまたま「チェーチェー」と言ったら、すかさず「はい、チェンチェ(先生)よ」などとこたえ、発声を意味づけましょう。こういった発声の意味づけを繰り返すようにします。

●戸外へ出たとき

例えば、散歩で子どもが興味を持って自動車を見ている場面で、保育者が「ブーブー、ブーブー」と言うことで、子どもも「ブーブー」は車と意味を結び付けることができます。

発達の流れ

＊知っている物を見つけると、指をさし、声に出して知らせようとする

＊要求や意思を一語文を使って伝えようとする

＊片言で話そうとする

＊名前を呼ばれると返事をする

援助

＊指さしを見て視線を共有し「これは〇〇だね」「うん、ワンワンがいるね」などていねいにこたえる

＊名前を呼ばれたことがわかり、手を挙げ返事をしたときは、「そうね、Aちゃんね」と、自分の名前がわかったことを必ず認める

保育のポイント

ポイント❷

言葉のやりとりを楽しもう（おおむね1歳ごろ～）

子どもの思いに共感しながら言葉にする

●話しやすい雰囲気づくりを

子どもが話したくなるように、保育者は聞く姿勢を持ち、話しやすい雰囲気づくりを心がけましょう。

●言葉を補う

子どもが発する言葉に対して、補ったりほかの言葉に置き換えたりと、やりとりを重ねていきましょう。

三項関係が成り立った指さし

自分と人と物の三者が共在する場面で、子どもが、その物について人とひとつの経験を分かち合おうと、遠くの物を指先だけで対話のように使用する指さしは、三項関係の成立を物語っています。

＊保育者の言葉の指示に行動でこたえる

＊知っている物の名前を指さしたり、言葉で言ったりする

＊何かをしながら、ひとりで片言で楽しむ

＊保育者の「待っててね」の言葉で待てたときには、「待っててくれたね、お散歩行こうね」とおおいに褒める

＊子どもが知っている動物の親子の絵本や、擬声語が多い絵本を読み、発語を促しつつ物の名前を正しく教える

やりとりを楽しむ遊び

●「あなたはだーれ」遊び

子どもがイヌのペープサートを持って「ワンワン」と登場し、「あなたはだーれ？」と問いかけてもらいます。「わたしはイヌです。ワンワン」と保育者が答えます。

●やりとり遊び

「ハイ、どうぞ」「これ、入れてきてね」などとボールやティッシュペーパーなどを手渡し、バケツやゴミ箱などに入れる遊びをします。

子ども同士の気持ちをつなぐ

●子どもの気持ちを代弁する

いっしょに絵本を読み聞かせしてもらっているとき、友達が笑うと「楽しいね」と言葉にしてみんなに共感を広げます。

●「オンナシ（同じ）」と喜び合う

同じ色の靴下を履いているAちゃんとBちゃんに、「オンナシ（おなじ）だね」と知らせ「オンナシ！」と言い合って喜びます。

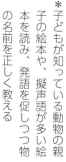

発達の流れ

*手遊びや歌の語尾など、ところどころを合わせて歌う

*「マンマ　ちょうだい」など二語文で話す

*絵本やお話の中に出てくる簡単な繰り返しのせりふを模倣する

*盛んに「なに?」と質問をする

*名前を聞かれると姓と名を言う

援助

*子どもが「なに?」と質問をしてきたときには、名前を聞いている物を確かめ、「リンゴよ」などと必ず正しく答える

保育のポイント

ポイント③
あいさつをしよう
（おおむね2歳ごろ～）

楽しくあいさつをするために

●保育者が率先して楽しそうに

互いに場面に応じたあいさつを楽しそうに交わしましょう。恥ずかしがって言葉が出ない子どもには、動作で表したときに保育者が「おはようございます」と言葉を添えます。

●手袋人形を付けてあいさつをする

手袋の先に動物の顔などの人形を付け、友達と向かい合って指を曲げ「こんにちは」「いらっしゃいませ」などのあいさつ言葉を交わして遊びます。

あいさつに慣れるまで待つ

恥ずかしがって保護者の後ろへ隠れる子どもがいますが、無理に言わせなくても、頭を下げるだけでも十分です。慣れるまで待ちましょう。

つづく

*絵本を見ながら物の名前を言い、話をする

*三語文が出始める（「パパ かいしゃ いったね」）

*保育者や友達と言葉のやりとりをしながら、簡単なごっこ遊びをする

*日常の簡単なあいさつをしようとする

*ものごと絵本（認識絵本）を見ながら、子どもが物の名前を言っているときには注意して聞き、間違っているときには、正しい名前を教える

ポイント4

人と言葉を交わす中で（おおむね2歳ごろ～）

話をしたそうに近寄って来る

子どもと目を合わせて「どうしたの」と声をかけます。「あのね」と話し始めたら子どもの言葉を反復し、聞いてもらった満足感を味わわせます。

「あのね、あのね」

言いたいことがいっぱいあるのに、「あのね、あのね」と言葉に置き換えられないときは、言いたいことを「こうなのね」と表現し、満足感を与えつつ話せるようにします。

保護者や地域の人と

園への来客に子どもが進んで「こんにちは」とあいさつをしたり、聞かれたことに答えたりできるよう、ふだんから経験します。

発達の流れ

*語彙《ごい》が800語から2000語に増加する

*「ぼく」「わたし」の一人称や「あなた」の二人称を理解し扱えるようになる
(▼P.162「人とのかかわり」編ポイント参照)

*自分が思ったことや感じたことを言葉にして話す

*遊びの中で友達と会話をする

*「なぜ?」「どうして?」などの質問をする

援助

*一人称で言えたときには、「そうね、言えたね」とおおいに褒める

*あまり話さない子どもには発したひと言に対し「先生もそう思う」などと共感し、安心して話ができるようにする

保育のポイント

ポイント5
友達と言葉を交わす
(おおむね2・3歳ごろ~)

保育者が仲立ちに

●言いたいことを代弁する

ひとりの子どもに関心があるけれども、言葉をかけられない状態のときは、「遊ぼう」と保育者がいっしょに言いましょう。

●人の目を見ない子には…

恥ずかしがってうつむいてしゃべっていると、言葉が前へ出なくなり、語りかけられている人も気がつかないこともあるので、相手をよく見るように援助します。

●徐々に「いれて」「かして」など、友達関係をつなぐ言葉を

子どもの集団生活を円滑にするために、仲間に入りたいときは「いれて」とあいさつしたり、玩具を借りるときには「かして」という言葉を使ったりできるよう援助をします。

つづく

＊保育者や友達の話を、興味を持って最後まで聞く

＊ごっこ遊びの中で、日常会話を楽しむ

＊動詞に興味を持って使う

＊文字に興味を持ち、生活の中に見つけて喜ぶ

＊人の話を聞くことは、抽象的な言葉をイメージしなければならないので、短い文で具体的に話す

＊動作語（ヨイショなど）が動詞の機能的な母体なので、意識的に動作語を動詞に変えて聞かせる

保護者といっしょに

家庭と協力して言葉を育てる

家庭ではよく話すのに、園ではまったく話さない子どもがいます。逆の場合もあります。家庭と園でどんな場面でどんな言葉を話しているか情報を交換し、対策を話し合いましょう。

ごっこ遊びの中での言葉のやりとり

（▶P.159「人とのかかわり」編ポイント参照）

●ままごとで人形を通して会話

「あかちゃんがミルクをほしいって」「ミルクをのませましょうね」など、共通の玩具が仲立ちとなって会話をします。

●お店屋さんごっこで売り手と客の会話

「いらっしゃいませ、どのケーキにしますか」「これください」「はい、どうぞ」など、場面を共有してやりとりします。

環境の工夫

野菜や果物などの実物を、子どもの触れられる場所に用意し、友達同士「リンゴ、つるつる」などしぜんに会話できるようにします。

発達の流れ

＊語彙は1675~2500ほどになる。日常生活に必要な言葉は、ひととおり身につけられる

＊友達との会話が盛んになるが、会話というよりは自分ひとりで自分に向かって話している外言《がいげん》が多い

＊自分の名前を読む子どもが増えてくる

援助

＊絵などを見せながら子どもたちに問いかけたり、話したりして人の話を聞く機会を設ける

保育のポイント

ポイント❻

進んで話がしたくなるように
（おおむね4歳ごろ～）

聞きじょうずに

保育者が子どもの話をていねいに聞けば、その思いや姿勢は子どもに伝わり、「自分の話を聞いてもらいたい」という気持ちになります。

無口な子どもには

ふだんはあまり話さない無口な子どもには、無理に話をさせようとせずに、発したひと言に対して「そうだね！」「先生もそう思う！」など共感する言葉で気持ちを伝えます。安心して話ができるよう心がけましょう。

話す時間を設ける

“みんなでお話ししましょう”という時間をつくります。今は遠慮せずにたくさんお話しできるんだ、と進んで話せるようになります。

つづく

＊出来事や自分がしたことを接続詞を使って複文で話す

＊意思や要求などを相手にわかるように話す

＊文字・数字を読み、書こうとする

＊「これがしたいのね」と意思や要求に正確に応答する

ポイント❼

生活の中で言葉経験を豊かに

（おおむね4歳ごろ～）

年中行事を活用して

●豊かな生活経験から

七草がゆの中の草の種類を新たに知るなど、生活経験の豊かさが多様な言葉を引き出します。それに対する思いを伝え合うことなどができます。

●新年のあいさつを言葉で交わす

「あけましておめでとうございます。今年もよろしくお願いいたします」とあいさつを交わす新たな経験をします。言葉にすることで心が引き締まります。

感じたことを大切に

いろいろな物に触れたり、音を聞いたり、においをかいだりして、子どもが気づいたことを大切にしながら、言葉で伝えられるようにします。

つづき

発達の流れ

*質問、応答、伝言、報告をする

*人の話を親しみを持って聞く

*ごっこ遊びの中で役になりきり、イメージを膨らませて会話を楽しむ

*冗談を言う

*好き嫌いの理由が言えるようになる

援助

*子どもが声をたてて笑った言葉を取り上げ、いっしょに口に出す

保育のポイント

ポイント8

言葉を使った遊びで

(おおむね4歳ごろ〜)

シアター

生活の中で起きた出来事などをペープサートやパネルシアターにして、子どもたちが話し合いをする機会を設けると、言葉がたくさん引き出されます。

絵本や紙芝居

絵本や紙芝居は、好奇心おう盛な子どもの感受性を満たすだけではなく、絵本を通して人間的な生き方や感情を正しく美しく伸ばし、言葉をみがきます。

劇遊び

物語の登場人物に同一化し、共通のイメージでせりふやしぐさの表現を工夫し、総合的な活動として劇を楽しみます。友達との協力もあり、言葉が豊かになります。

つづく

＊声を低めてないしょ話ができる

＊絵本の話を聞いたり表現したりして、言葉のおもしろさや美しさに興味を持つ

＊形容詞に気づき、使う

＊声を低めてないしょ話をしてくるときは、しっかりと耳を寄せて、興味深く聞くようにする

＊形容詞に気づくように「きれいな花ね」などと表現して聞かせる

ポイント9 人の話が聞けるように（おおむね4歳ごろ～）

順番に聞く

複数の子どもたちが同時に話しかけてくるときは、「今は、Aちゃんの話をみんなで聞こうね」「次は、Bちゃんね」などと言って、順番に聞くようにします。

イメージしやすいように具体物を見せる

言葉は抽象的なものなので、頭の中で映像化できないと聞けません。エプロンシアターなどを使って話します。

指人形を使って、交替で話すマナーを

会話は相手と交替でするものだという基本を身につけるように、指人形を交替で動かして、相手の話を聞く態度を養います。

保護者といっしょに

家事中でも子どもの語りかけを受け止める

子どもが話しかけたときには、仕事の手を止め、腰を落として子どもと視線を合わせ「なに？」と受容する姿勢を示すよう、伝えましょう。

発達の流れ

*友達の気持ち、考え方を他人にわかるように伝える

*疑問に思ったことを質問し、自分で解決していく

*接続詞を使った複文が増え、平均5文節になる

*言葉のしくみに気づき、逆さ言葉や、しりとり、なぞなぞなどで遊べるようになる

援助

*自分の体験などを、友達の前で話す機会をつくる

保育のポイント

ポイント⑩
言葉を使って遊ぶ
(おおむね5歳ごろ～)

集団遊びを通じて

●頭字遊びをする

「『あ』のつくものなーに」と問いかけ「あめ」「あり」「あさがお」「あかちゃん」など、言葉の頭につく共通語に気づかせて遊びます。

●なぞなぞ

グループで考え合ってなぞなぞ遊びをします。チームに分かれて答え合っても楽しいでしょう。

1対1で遊びながら

●反対語遊び

提示したカードの反対語を言い合います。出題した言葉が子どもたちに難しいようなら、ヒントを出しましょう。

●袋人形(会話遊び)

手が入るサイズの封筒に動物の目や口などを描き、手にはめて友達と会話をして遊びます。お話を作って発表し合うなどもよいでしょう。

つづく

＊文字に関心を持ち、自分の名前を積極的に読んだり書いたりするようになる

＊仮定や因果関係を表現したり、「約束」「練習」などの漢語を使ったりする

＊基本文法が完成する

＊ひらがなは一文字が一音で、しかも同じ文字で表されることに気づかせていく

ポイント⑪

人前で話せるように

（おおむね5歳ごろ～）

自分の体験を友達に話す

自分の体験などを、友達の前で話す機会をつくり、筋道をたて、はっきりとした口調で話す経験をします。いつ、だれと、どこで、何をしたのか、質問しながら進めていきます。

人前で話すのが苦手な子どもには

手袋人形や指キャップ人形などを持たせ、人形が話しているように操作しながら話すようにすると、緊張がほぐれ気楽に話せるようになります。聞いている子どもも興味を持ちます。

●カルタ取り

文字を書いたカードに同時に手が伸びたときはジャンケンなどをします。全員が順番に審判を務めるようにしてみましょう。

●フルーツバスケット

指示の言葉を瞬間的、正確に聞き取り俊敏に動きます。果物だけでなく、動物や野菜の名前を加えてもよいでしょう。

つづき

発達の流れ

＊友達との共通の話題について話し合いをする

＊簡単な話作りをする

＊言葉を思考として活用し、自分をコントロールできる

援助

＊子どもが質問をしたとき、すぐに答えを出さず、「あなたはどう思う?」と答え、「調べてみよう」と自主的に事典や図鑑などで調べられるようにしたり、ユニークな答えを引き出したりする

保育のポイント

ポイント⑫ 文字や記号に興味が持てる遊び

（おおむね5歳ごろ～）

カードを並べて特徴を発見する遊び

ひらがな使いの特徴がわかるカード遊びを通じて、言葉の力を育てます。

【準備】清音（あ～ん 46文字）
→赤色カード
濁音（が～ 25文字）
→黄色カード
半濁音（ぱ～ 5文字）
→青色カード
助詞（は、へ、を）
→桃色カード

似たもの集め

ひらがなカードを床に広げ、形の似たものを集めます。文字の違うところを見つけることで、分節能力※が育ちます（「『へ』と『く』、『ま』と『も』、『ね』と『わ』と『れ』が似ている！」、など）。

※分節能力…文字や形の違いが見分けられて書ける力

郵便ごっこ

文字ゴム印（「あ」～「ん」までのハンコ）、スタンプ台、紙、切手、ポストなどを用意し、ゴム印で手紙を書き、ポストに入れます。郵便局役の子どもは、宛名の友達に手紙を渡します。

年齢に応じて！

言葉の力を育てる環境のポイント

絵本の楽しみ方（おおむね1・2歳ごろ～）

●どんな絵本がいい？

子どもの知っている動物の親子の絵本や擬声語が多い『だあれかな（作：Lazoo、絵：荒川静恵）』のような絵本は、声がよく出て発話を促します。また、物の名前を正しく知ることができます。

●読み聞かせのポイント

子どもがイメージ化する間や、心理的に思い巡らす間を考え、ゆっくりしたテンポで読みます。読み聞かせの途中で質問したり、話しかけたりしないことも大切です。

絵本などで積極的に問いかける（おおむね4歳ごろ～）

自分が話したり、人の話を聞いて理解したりすることで、言葉を自分のものにしていきます。絵などを見せながら、子どもたちに問いかけたり、話したりして人の話を聞く機会を設けましょう。

文字や記号に興味・関心が持てるように（おおむね5歳ごろ～）

数字や名前、文字・記号に慣れることができるように、カレンダー、当番表、誕生日表を壁面に掲示します。文字・記号がしぜんに目に入るようになります。

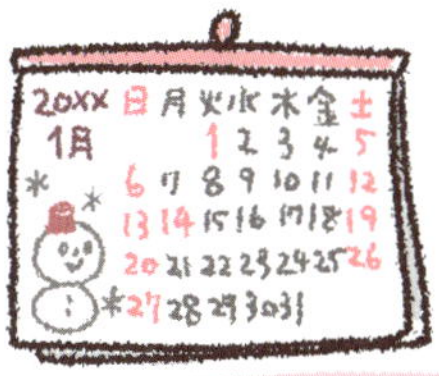

さまざまな役になれるように（おおむね5歳ごろ～）

ごっこ遊びなどでさまざまな役になって遊べるように、バリエーション豊かな素材を用意しておき、いつでも手にできるようにしておきます。

現場の悩みに答える！ **言葉の獲得**編

Q&Aコーナー

吃音の子どもには？

Q 「ああああのさ」と、吃音《きつおん》になる子どもがいます。「ゆっくりね」などと注意してはいけないと聞いたのですが、どう対応すれば…？

A **言いたいことがいっぱいあっても、言葉が出ない思いを受け止めましょう。**

３歳ごろは、イメージがいっぱいあふれ、言葉で伝えたいのに、調音機能が未熟な場合、声は出るのに言葉にならずうまく言えない子どもがいます。「ゆっくり言ってごらん」と言うとかえって緊張してしまいます。ゆったりと安心して話せる雰囲気や、環境づくりをしましょう。

言葉の遅れがあります

Q ２歳４か月で「バイバイ」ほどしか話さず、なかなか言葉が出ません。保護者も言葉の遅れを気にしています。どう援助すればよいでしょう？

A **子どもの欲求などを先取りして、過保護になっていませんか。**

子どもの発話でいちばん出やすいのが、食事などの欲求が出る場面です。子どもの目線だけでごはんを食べさせたり、先取りしたりしていると、伝達の必要を感じなくなり言葉が遅れます。指さししたときなどに声を出すのを待ちます。「マー」と言えば「マンマ」と言い、欲求にこたえましょう。

「さ」行の発音が苦手です

Q 「さ」行が「しゃ、し、しゅ、しぇ、しょ」となる５歳児のAちゃん。どうすればよいのでしょうか？

A **唇や舌の筋肉を強くするよう、咀しゃくをしっかりさせることも重要です。**

「さ」行が言いにくい子どもは多いものです。言葉は脳からの発信を声帯を震わせのどに送り、ほほの筋肉、舌、唇の動きで音として口から出すものですが、特に舌の動きと唇の力が弱いと、「さ」行が言いにくくなります。例えば、食事のときにしっかりと咀しゃくをさせたり、歌で鍛えたりしましょう。

乱暴な言葉を使う子どもには？

Q 「めちゃくちゃにしてやる」と言うなど、テレビの影響からか乱暴な言葉を喜んで使う3歳のBくん。どう対応すれば…？

A **乱暴な言葉には反応しないようにします。**

テレビの英雄ではなく、悪者側の乱暴な言葉を使うと、周囲の注意をひくので、その反応がおもしろくて使っていることがよくあります。そんな子どもには反応せず、子どもたちに美しい言葉で書かれている本や、詩集を読み聞かせて、言葉をみがくことが大事です。

大げさに言う子どもには？

Q なんでも大げさに言う子がいます。「カブトムシ100ぴきつかまえた！」などと「100」という数字を使います。ウソ…とは言いませんが、事実をきちんと言ってほしいのですが…。

A **子どもが物事を大げさに言うのは、興味をひきたいからです。話をよく聞くようにします。**

100という数字は、子どもにとって最大のイメージです。ウソを言っている気持ちはありません。「そうだったの、すごい」と興味を示し、実物を見ながらしっかりと聞き取ることによって、事実を話すようになります。本当のことを話したときには褒めましょう。

何を言っているのかわかりません

Q 上唇が動いていないのか、何を言っているのかわかりにくい子どもがいます。どうすれば…？

A **子どもが話したいのか、そばで甘えたいのかよく見極めます。**

子どもが声に出して話すということは、何かを伝達したい意欲を持っているときか、とにかく保育者のそばで甘えたいのかどちらかです。話しにきた子どもには、言いたいことを代弁し反応を見せましょう。甘えたい子どもには言葉遊びなどで満足させましょう。

失敗が伝えられません

Q お茶をこぼしても、悪いことをしたと思うからか、言えません。自分の思いを口にしたり、何かあれば言ったりしてほしいのですが、どうすればよいでしょうか？

A **物事を失敗したとき、叱《しか》られるという思いから萎縮して言えなくなってしまうのです。**

子どもが失敗した場面では、人に聞こえないような小さな声で「お茶こぼしたのね。だいじょうぶよ。こうしてふきましょう」と困った気持ちを受け止めつつ、処理をいっしょにします。子どもは叱られないとホッとして、次からは安心して伝えるようになります。

第10章

概念形成編

まずは「概念形成」に関する、年齢ごとの押さえを挙げています。
P.194からの解説を読むためのきっかけにしてください。

知っておこう！ 0歳児

生まれたときからすでに目も見え、耳も聞こえ、その構造も完成しています。

神経系そのものはまだ未発達なので、認知機能は大部分が不十分ですが、味覚、嗅覚など直接生命に関係が深い感覚は、かなり機能します。音がするとその方向へ頭を回したり、目と手の協応が始まり、見た物を正確に手で握ったりします。

知っておこう！ 1歳児

興味のある物、目だつ物に関心が向けられ、特定の音声で呼ばれているのに気がつき、認知し始めます。

1歳児にとって周りにある物は、どんな物なのかわからないので、手当たりしだいにいじり回し、口に入れてなめたり、振ったりして、探索します。手にした感覚、味、音などいろいろな感覚が刺激されることにより、物事を認知し始めます。

知っておこう! 5歳児

並列的な同一水準、価値のあるものをまとめる種概念《しゅがいねん》(下位概念)が形成され、要素ごとにも集めます。

5歳になると、野菜の中で土の中にできる物、黄色い果物などひとつの要素ごとにまとめることができます。科学的な好奇心が強くなり、磁石遊びや、遠く、長く飛ぶ紙飛行機作り、影絵遊びなどに興味を持ちます。時間を理解するようになります。

知っておこう! 4歳児

言葉が正確に使用できるようになり、いちばんおしゃべりの時期になります。(外言《がいげん》、質問が多くなる)

数に関する一対一対応が5～7ぐらいまで正確にできます。大・小、長・短、重い・軽いの区別ができるようになります。時間の概念は、昨日、今日、明日の区別と関連がある程度わかります。物と言葉が一致し、「リンゴは果物」といった上位概念(P.203参照)ができつつあります。

知っておこう! 3歳児

今、目の前にない物を、言葉でイメージができるようになり、象徴機能が高まります。

身近な人、物など経験して知っていることについて、イメージが持てるようになり、絵本や物語に興味を持ちます。虚構を主としたごっこ遊びが盛んになります。数詞は3つまでが実数と一致してわかります。大小、多少の比較ができるようになり、言葉で言えます。

知っておこう! 2歳児

言葉で表現できなくても、周囲の人が「○○は?」と聞くと、指さしをします。

絵本を喜んで見るようになり、描かれている物をひとつひとつ識別し、「ワンワン」「ニャーニャー」と言えるようになります。象徴機能(※)が形成され、見たて、つもり遊びが盛んになります。また四角、三角の弁別、方向の弁別などが2歳後半ごろからわかり始めます。

※現実にないものをほかのものに置き換えて表現する働き

概念形成における発達の流れ・援助と保育のポイント

発達の流れ

※あくまでも目安です。
発達には個人差があります。

おおむね2か月

* 動く人や物を目で追う
* 人の声や音のする方向に首を回す

おおむね6か月

* 目と手の協応が始まり、物を取ろうとし、手に持つとよく遊ぶ
（▼P・110「運動機能」編ポイント参照）
* 音の方向を聞き分ける
* 玩具を一方の手から他方の手へと持ち替える

援助

* 触ったりなめたりと探索活動をするが、危険でない限り温かく見守るようにする

* 乳児の手に握りやすい形で、感触のよい玩具を用意する。子どもが注視したときに持たせる

保育のポイント

ポイント❶

感覚・知覚機能の基礎づくり（おおむね0歳ごろ～）

いろいろな方向を見るように

玩具などを目の前で水平、垂直、遠近などゆっくりと動かしてみましょう。子どもが注視し、目で追うようすを確かめます。

感覚を楽しむ玩具を活用しよう

見て、聞いて、触って楽しめる玩具を活用して、子どもを刺激しましょう。玩具をしっかりと見せたり、握らせたりしましょう。

唇の感覚を楽しむように

感触のよいおしゃぶりをなめたり、かんだりして、唇の感覚を育てたり、筋肉を強めたりしましょう。

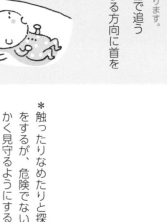

*大人が指さしたほうを見る

*見慣れた玩具がなくなると気づく

*箱の中の物を出したり入れたりする

*スイッチなどのボタンを押すのを楽しむ

*指さしが増える

*自分のマークがわかる

*子どもが指さした物を必ず見て、「お花、きれいね」などと言い、視線の共有をする

ポイント2
探索活動を見守ろう
（おおむね10か月ごろ～）

偶然から発見する

ミルクの空き缶などを偶然たたいたときに音がするのを発見すると、今度は意識的にたたくようになり、自分の行為と反応を結び付けられるようになります。

握っている物を落とす ～運動と視覚の協応～

握っている物を落とした経験から、握る手を意識的に離し、物が落ちることを確かめ、目で追うようになります。運動と視覚の協応です。

さまざまな方向に耳を傾けるように

顔の正面、横、少し遠くなどから子どもを呼んでみましょう。子どもが呼ばれた方向に顔を動かす反応を見ます。

足の裏の神経を刺激しよう

足の裏には、体中の神経のツボが集中しています。左手で足首を握り右手で優しく指の付け根を押したり、土踏まずをもんだりします。

発達の流れ

＊色に興味を持ち、同じ色の物を集めて遊ぶ

＊冷たさや熱さがわかる

＊水をコップからコップに移す

援助

＊赤、青、黄色の木製積み木を用意する

保育のポイント

ポイント③
遊びや生活の中でいろいろな違いを知る
（おおむね1・2歳ごろ～）

色

●積み木の色当て

①赤の積み木を見せ、「これは赤だよ」と言います。
②赤、青、黄の積み木の中から、「赤を取って」と言い、赤を取れたら褒めます。
③赤の積み木を取って見せ、「これは何色かな？」と聞き、「赤」と答えられたら褒めます。

記憶の3原則

①物を見せ、「これは○○だよ」と言う。
②いろいろな物の中から「○○を取って」と言い、取れたら褒める。
③ ②で取った物を見せ、「これは何？」と聞く。

①～③の過程を経て、記憶します。
「色」「温度」でも試してみましょう。

＊積み木をいくつか積んで遊ぶ

＊大人の喜怒哀楽の表情がわかる

＊物の大小、量の多少がわかる

＊3原色（赤、青、黄）の名前がわかり、正しい色を示す

＊積み木を10個近く積む

＊目の前で積み木を積み、興味を持たせ、「ここへ積んでごらん」と誘い、ひとつ積めると「積めたね」と褒める

＊大きい皿と小さい皿に菓子を入れ、「大きいのを取って」と言葉をかけ、大きいほうを取ると「こっちが大きいね」と認めて、食べさせる（大きいほうが先にわかる）

大きさ　●粘土の団子

小麦粉粘土などを自分でちぎり、丸めて並べ、大きさを比較して遊びます。大きい団子を半分にすると小さい団子になる、などを教えます。

高さ　●積み木タワー

積み木やブロックをどんどん高く積み上げて、だれがいちばん高く、慎重に積めるかを競争します。友達同士でタワーを比較することで、高さを実感します。

量　●ジュース屋さんごっこ

大きなボトルに入ったジュースは「多い」、小さいコップに入れたジュースは「少ない」ということを、言葉で伝えるとともに、見たり持ったりして実感させます。

温度　●冷たいね、熱いね

水を入れて凍らせたペットボトルと、温水を入れたペットボトルを用意します。同じ形の物でも温度が違うことを実感させましょう。

発達の流れ

*丸、三角、四角などの名前がわかる

*高さ、低さがわかる

*「3つ」の数を大人に続いて繰り返し唱える

*おやつを取るとき、量や大きさ、数などを比べて、多いほうを取る

援助

*大きい積み木でも、小さい積み木でも「ひとつ」「ふたつ」と手に取って、数え方はいっしょであることを経験する

保育のポイント

ポイント④ 色や形で遊ぼう
(おおむね2歳ごろ〜)

色で遊ぶ

●同じ色の旗集め

割ばしに折り紙をはり、さまざまな色の旗を作り、竹筒に立てておきます。その中から同じ色の旗を集め、別の竹筒に差して遊びます。

手作り玩具で

●軽い材質の積み木

スポンジや牛乳の空きパックで作ります。赤・青・黄、三角・四角・丸、軽いもの・重たいものなどさまざまな積み木を用意することで、視覚・触覚・圧覚(重さ)を養います。

形で遊ぶ

●形はめ遊びをして見分ける力(弁別能力)を養う

1歳半になれば可逆操作(※)ができるので、丸、四角、三角の形にくり抜いた板に、同じ形の板をはめて遊びます。

※可逆操作…間違えば「三角ではない四角だ(〜ではない〜だ)」と操作を変えられる能力。

●同じ形のブロックや積み木を積んで遊ぶ

四角の形に三角を積むと、形がそろわないなどの経験から、形を覚えていきます。形の名前も覚えます。

＊遊びを通して、並べたり比べたり数えたりする

＊10くらいまでは数唱できるが、実物との対応は5くらいから乱れる

＊上下前後の空間把握はできるようになっている

＊いろいろな色や形に興味を持つ

＊並んだとき、自分の前は「Aちゃん」、後ろは「Bちゃん」と確かめ合い、前後を実感させる。また、空は上、足元は下と言葉で言い示す

つづく

ポイント5

対応の始まり（おおむね3・4歳ごろ〜）

5までの数詞と数唱を

「おはじきを3つ」と言うと、「ひとつ、ふたつ、みっつ」と言って保育者の手に置きます。3歳では数詞と実物を対応できるのは3つぐらいまでです。5つぐらいまでは実物を動かして数詞と数唱を覚えさせます。

3までの数をしっかり覚える

ひと目で個数が見分けられるのは、4歳では3までです。それぞれのお皿に果物を3つずつ盛らせ、3までの数をひと目で見分けられるようにします。

数量に対する知覚

菓子を取るときなど、同じ数でも、まとまったものより広げたもののほうが多いと思って取ります。保育者は、具体的な場面で「ひとつひとつ並べてみようか」と言いながら、“一対一対応”をさせ、まとまっていても広がっていても同じ数であることをわからせます。

一対一対応とは

2種類の集まりを比較するのにひとつずつ対にして多さを比べること。

発達の流れ

＊長い・短い、大きい・小さい、強い・弱いという対立関係の概念ができる

＊用途や存在の意味を知るために「これはなに？」と質問する

援助

＊長さは、ひも、針金、線路のように、長さが見えやすくはっきりと具体化されている物を通して学ぶようにする

＊「短い縄を持ってきて」「大きいボールで遊びましょう」などと、意識的に大きい・小さい、長い・短いなどの言葉を、具体的な場面で使う

保育のポイント

ポイント6 言葉の意味や形を理解する
（おおむね3・4歳ごろ～）

誕生日は何の日？

自分の誕生日を意識し、ひとつ大きくなる喜びをみんなで共有します。

友達とのやりとりを通じて

リンゴ、カキ、ミカンなどの玩具を、子どもがザルにひとつ、ふたつ、3つと数えて入れ「カキを3つください」と言って遊びます。

形態に対する知覚

四角の折り紙の角を合わせて、三角に折ろうとしますが、できない子どももいます。角をしっかり見させ、先を重ねるようにします。

つづく

＊あらかじめ結果について予想することができるようになる

＊自分でしようとすることに意図や期待を持って行動できる

＊話の筋がわかり、短いものなら暗記する

＊出来事の因果関係を知りたい欲求を満足させるために、いっしょに試してみるなどする

＊子どもが経験を生かし、見通しを持って試している場面では、指示するのではなく、見守って認める

ポイント7

見通す力をつけるために（おおむね3・4歳ごろ～）

次にする活動を見通す指示を

「10時になったらお散歩に行くのよね」「もうすぐお散歩の時間よ」などと声をかけます。子どもは自分から進んでかたづけるようになります。

知的好奇心を刺激する

●氷が溶けるようすで

水に溶ける氷や、固形せっけんを使って、溶けて小さくなったり、なくなったりすることを体験させ、言葉で表現させます。

●「これ何？」「どうして？」には

できごとの因果関係を知りたい欲求が強くなるので、「これなに？」「どうして？」などの発言があったときは、どうしてなのか、保育者といっしょに試してみるなどして、納得させるとともに欲求が満たされるようにします。

発達の流れ

＊行動したり、おしゃべりをしたりしながら考える

＊想像と現実の世界が混同されることがある

＊生き物も物も自然も、自分と同じような感情を持っていると認識したり表現したりする

援助

＊「○○レンジャーだ」と虚構の人物になりきって叫びながら友達を攻撃するような場面では「Tちゃん、危ないよ」と現実に引き戻すよう声をかける

＊生き物が人間と同じ感情を持っているように表現したときには、「そうだね」と共感する

保育のポイント

ポイント8
生活の中での工夫を通じて（おおむね3・4歳ごろ～）

中くらいの大きさを意識して

いろいろな大きさの積み木を、大きい物から小さい物の順に並べてみましょう。大きい、小さい、中くらいの三次元の関係を意識します。

仲間を探す遊び

床にイチゴ、バナナ、トマトなど、果物や野菜の絵をはり、「野菜」「果物」などと保育者が言ったら、それに当てはまる（仲間）絵の所へ間違えないよう走り込んで遊びます。

助数詞を付け足す

子どもが積み木を積んで遊んでいるときに、「全部でいくつ積んだのかな？」と尋ね、「はち」などと言った場合は、「そうね、8個だね」と助数詞を付け足して教えるようにします。

つづく

＊「リンゴとミカンは〈果物〉」というような上位概念（※）ができつつある

※上位概念とは…例えば、ダイコンやニンジンは根菜類、ハクサイやキャベツは葉茎類とするのが下位概念。根菜類と葉茎類をまとめて〈野菜〉とするのが上位概念

＊数や文字に関心を持ち出し、自分の名前を読めるようになる

＊ロッカーにはった「自分のマーク」に慣れてきたら、ひらがなで書いた名前のシールに切り替える

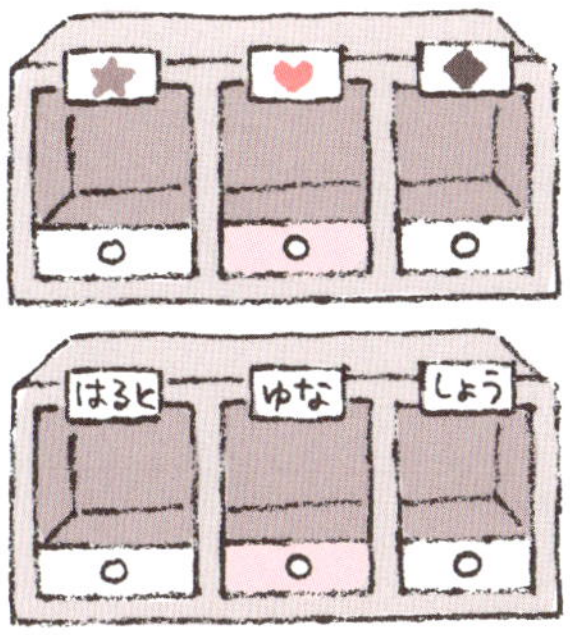

保護者といっしょに

家庭での実物体験を豊かに

買い物に連れて行き、野菜や果物コーナーに並んでいる実物を見て、正確な名前を覚えるなど、上位概念を育てていきましょう。

出欠の人数確認

毎朝の出欠の人数確認を、クラスみんなでかぞえながら数への興味を持たせます。

給食の配ぜん

給食の時間に、「何人に」「何個」配ぜんするのかを伝え、子どもが数や量を考えながら進めるようにします。

名前、年齢を言える

図書室などで、本の貸し出しを経験します。貸し出しのときに、名前と年齢を聞くようにしてみましょう。絵本を借りたくて、名前、年齢を覚えようとします。

発達の流れ

つづき

＊自分の生活している範囲、経験から、遠い・近いがわかり、位置を言い表す（上下、遠近、左右、前後）

＊自分の誕生日が言える子どもが増える

＊15まで数唱できるが、実物との対応は10以上になると難しい

援助

＊園周辺の地図を子どもがよく見える場所にはっておき、「ドングリを拾う公園は遠いね」「Cちゃんの家は近いね」など話し合える機会をつくる

保育のポイント

ポイント9
数と量の概念について
（おおむね4歳ごろ～）

お店屋さんごっこで

「リンゴを6個ください」と声をかけると、「ひとつ、ふたつ、みっつ……」と、実物と数詞を対応させながら6個を選び、渡すことができます。

クッキー作りで

クッキーの生地作りの際、「これ、ちいさいよ」「そっちのおおきいほうがいい」と言い、大きい生地を取ります。

時刻への対応

「○時になったら△△をするよ」と伝えておくと、時計を気にしながら、時刻になると行動に移し、対応することができます。

＊上・中・下などの三次元の関係がわかる

＊大きい・小さい、長い・短いをグループに分けることができる

＊生活と結び付いた時刻に興味を持つ

＊「いちまい、にまい、さんまい」と、同じ発音の助数詞が使える

＊積み木などのかたづけをするときには、「小さい積み木はここ」など、言葉にしながら、整理する位置を決め、いつも決まった場所にかたづけるよう見守る

ポイント⑩

楽しく概念を知ろう

（おおむね4歳ごろ〜）

上位概念を知る遊び

『やおやさんのうた』に合わせて、「リンゴ」とだれかが歌って返すと、みんなで「リンゴ」と言って遊びます。よくわかっている子どもがひとりで次々と答えてしまうことがないよう、順番に言うようにします。

数唱と実数がつながる遊び（5の合成）

①大きめのビーズを5つずつつないだ物を作って、置いておく。

②子どもがモールにビーズをひとつ通した物、ふたつ、みっつ、4つ…と作る。

③「【5つ】は【ひとつ】と【4つ】、【ふたつ】と【みっつ】」などと合成して5つにしながら遊びます。

5つまでの実数を繰り返し遊ぶことで数唱と実数を理解していき、対応できるようになると、それを基本として10以上がわかるようになっていきます。

発達の流れ

*「数が同じ」ということがわかる

*推理的な思考力が伸び始める

*「いっぽん、にほん、さんぼん」など、唱え方が変わる難しい助数詞を付けて数えることができる

*イメージすることができ、それに従って描いたり作ったりができる

援助

*子どものレベルに合った推理のお話を読み聞かせ、犯人の当て合いをして遊び、推理をするおもしろさがわかるようにする

*イメージはしているがうまく作れないで行き詰まっているときには、よく話を聞き出し、イメージを引き出すように援助する

保育のポイント

ポイント⑪ みんなと遊びながら（おおむね5歳ごろ～）

数遊び

イス取りゲームの変型版です。カラーテープで区切った「1」から「6」までのゾーン内を子どもたちが行進し、サイコロで出た目のマスにいる子どもが退場し、最後まで残ることを楽しみます。

輪投げ

輪投げは、目標物との距離によって力加減を工夫し、うまくねらいを定める遊びです。遠近によって力加減をするとうまくいくことを伝えましょう。

連想ゲーム

例えば「名前が５文字のもの」「重いもの」「赤いもの」「冷たいもの」など、数、量、形、色、温度といったさまざまなテーマで連想ゲームをしましょう。

つづく

＊位置関係がわかり、比較ができるようになる

＊「昨日、今日、明日」の正確な区別ができる

＊「15分」「30分」単位の時間がわかる

＊科学的な好奇心が強くなる

＊時計を気にしながら、時刻になると行動に移すよう、「○時になったら△△をするよ」と伝えておく

絵カードで分類遊び

動物、植物、昆虫などの絵カードを、床に広げます。「動物だと思うカードを集めましょう」と声をかけ、カードを集めます。集めたカードを友達と比べ、違う種類のカードを持っている場合、何が違うのか、動物かどうか話し合います。

水に浮く物と沈む物で遊ぶ

木で作った大きい船と、小さな石作りのカメを見せ、水に浮かべる前に浮くかどうかを予想させ、話し合います。浮かんだのはどうしてかな、沈んだのはどうしてかな、などと話し合い、「浮かぶ船を作ってみよう」などと実際に作り、試して遊び、浮力について考えるようにします。

影絵遊び

スクリーンの後ろで指や道具を使い、影を映します。スクリーンの前で影を見ていた子どもが、その影が何かを当てます。伝えたい物を当てられたら、演技者にポイントが付きます。物の特徴やその本質（真理）を見抜く力が付きます。

つづき

発達の流れ

＊曜日の理解が少しずつできてくる

＊遊びの中で簡単な足し算、ひき算をする

＊30まで数唱できる

＊右と左がわかる

援助

＊始めに5個のおはじきを見せ、右手に3個乗せ、残りを左手で握ります。「左手にいくつある」と聞き、5の分解、合成遊びを経験する

保育のポイント

ポイント⑫
時間を意識しよう
（おおむね5歳ごろ～）

ゲーム「鬼さん今何時？」

鬼の小屋に鬼役の子どもが入ります。ほかの子どもたちは手をつなぎ、声をそろえて「おにさんおにさん、いまなんじ」と鬼の小屋に向かいます。鬼は「いま、1じ。ひるねだ」などと答え、子どもたちは元の位置に戻ります。繰り返し、鬼は「3じ。おやつのじかんだ」と答え、鬼が「6じ。こどもをたべるときだ」と答えたとき、小屋から出て子どもを捕まえます。子どもは逃げます。

時計に工夫を

生活と結び付いた時刻に興味を持ち始めたら、時計の文字盤の外に“分”を表示したシールをはってみましょう。

保護者といっしょに

生活と時刻が結び付くように

「短い針と長い針が12のところでくっついたらお昼ご飯」「おやつは短い針が3のところにきたらね」と、生活と時刻が結び付くことばがけを家庭でもするよう伝えましょう。

年齢に応じて！

概念形成を助ける環境のポイント

モビール（おおむね1か月～11か月ごろ）

物に注目し、目で追うことで、知的な発達を促すとともに、情緒の安定が期待できます。

毛糸玉（おおむね1歳ごろ～）

布をはった手作りの箱の中に、毛糸で編んだ握りやすい大きさの玉（中にスポンジを入れる）を入れておき、目に付く所に置いておきます。

コロコロ壁（おおむね2歳ごろ～）

ペットボトルを好きな形・大きさに切り、切り口はビニールテープを巻いておきます。壁や段ボールに、ペットボトルを付けておきます。落ちる玉を見て楽しみます。

生活の中でのひと工夫（おおむね3・4歳ごろ～）

●玩具を分類する

乗り物の玩具、ぬいぐるみ、ブロックなど、同じ種類の物の分類がわかるように、棚や箱に絵を描いておきます。

●玩具の数の分だけ絵を描いておく

砂場の玩具は埋もれやすいので、コップやスコップの絵を描き、棚にはります。その上にひとつずつ対応させながら整理します。

●手作り時計

本物の置き時計の横に、手作りで針を手で回せる時計を置いておきます。分や、給食などの1日の活動も書き入れておくとよいでしょう。

●はかりを置く

集めてきたドングリや木の実などをはかりで量ってみたり、ブロックや積み木など玩具の重さ比べをしたりして、量や重さへの興味を深めます。

現場の悩みに答える！ **概念形成**編

Q&Aコーナー

ふたつの要素がつかめません

Q 「赤い物は?」と聞くと、「リンゴ」と答えられるのに、「丸くて赤い物は?」と聞くと答えられません。「丸い」「赤い」のふたつを合わせて考えられないようです。どうすれば…?

A **三角、四角、丸のカードを三色ずつそろえ、2要素を集める。**

「赤くて三角の物」「四角で青い物」などふたつを聞き分け、ふたつの要素をそろえる遊びを繰り返します。言葉の記憶と視覚による弁別能力が身につくようになると、要素の違う「丸くて赤い物」を選べます。

手順がわからない子どもには?

Q 「手洗いして、お茶を飲んだら座ってね」と言っても、手順がわからず、お茶から飲む子がいます。どうすれば、順序よくできるようになるのでしょうか?

A **指示するものをひとつずつにし、できてから次を指示します。**

言葉は抽象的なものであり、指示されたことは記憶しなければなりません。先に言われたことより、後のほうが記憶に残りやすいので、お茶を飲んでしまうのです。「手を洗って」とひとつの行動が済んでから、次の指示をします。

空間把握ができない子どもには?

Q 並ぶときに空間把握ができていないのか、前の子との距離が近い子がいます。腕を伸ばして"前にならえ"をしても、腕を横に広げてしまうので、前の子に近いです。どう指導すれば?

A **自分の位置をまず確かめさせ、「こっちが前」と手を伸ばすよう、言葉をかけます。**

前の子どもに手が当たらない空間を取るように、言葉をかけます。空間には長さを測る物がないので、手の長さを使って空間を認知する習慣がつくようにします。

数詞と実物が対応できません

Q 「この皿から3つ取ってね」と言っても、違う数を取ってしまう3歳児のAちゃん。どう対応すればよいのでしょうか?

A **大きくても小さくても「ひとつはひとつ」という実数をまず理解できるようにする。**

大きなリンゴ、小さなミカン、個数として数えられる物を用意し、カゴから皿へ「ひとつ、ひとつ」と言いながら移し、ひとつをしっかり認識させます。次に「ふたつ、3つ」と増やし3つまでの数概念を育てます。

時計が読めるようになるには?

Q 時計が読めない5歳児のBくん。「1」と書いてある部分を「5」と読むことがわかからないようです。どのように指導したらよいのでしょうか?

A **時計の示している「1」は、1分が5つあることを理解させる。**

時計の表している数字「1」は、どうして5分と言うのという疑問に対して、「1」と書いてあるが、1分が5つあるから「5分」と言うのよと目盛りを書いて分解し、5分をしっかり理解させせましょう。

ブランコ10回が数えられない…

Q ブランコを10回数えて交替という約束なのに、10回になってもやめないBちゃん。どうすればよいでしょうか。

A **ひと振りが1回なのに、行動と数唱が一致していないのでしょう。**

「いーち」と言ってひと振りしては降り、「いーち、にーい」と言ってふた振りしては降りる動作を10まで繰り返して体験させ、行動と言葉が一致する実感を持たせましょう。

物が数えられません

Q 歌をうたいながらだと数を言えるのに、物を数えようとすると「1、2、3、5…」となってしまう3歳児のCくん。どうすれば?

A **実数を理解できていないので、実物で体験する**

3歳児は、数唱としては10ぐらいまで言えますが、実数として、正確にわかるのは3から5ぐらいまでです。個人差が大きいので、積み木など実物で「ひとつ、ふたつ、3つ」と数えながら動かす遊びなどで、実数を把握していきましょう。

まとめ

基礎的生活習慣からの

社会で生きる力編

まずは「社会で生きる力」に関する、年齢ごとの押さえを挙げています。
P.214からの解説を読むためのきっかけにしてください。

生きる力とは

自らを律しつつ、人と協調し思いやる心や感動する心などの豊かな人間性を備える。さらにたくましく生きる健康や体力を身につけ、自ら学び、考え、主体的に判断し、行動し、よりよく課題を解決する資質や能力のことである（1996年7月の中教審答申、教育改革スローガンをもとに著者まとめ）。

知っておこう！

1歳児

人間文化の継承としての直立歩行、言語の使用、人との関係が始まります。

人間の赤ちゃんは、生後１年たってやっと人間の特徴としての直立歩行や、一語文の発生、周囲の人とのかかわりを喜び、愛着関係が成立するようになります。離乳食から初期の普通食になり、手づかみでひとりで食べようとします。排せつを動作や片言で伝えようとします。

知っておこう！

0歳児

人間らしい生活様式を身につける出発としての規則的な身の回りの世話を受けます。

子どもの発達とは、人間が築いてきた社会の歴史的な文化を、大人から学び身につけていく過程ですが、その第一歩が０歳児期の規則的な授乳や排せつ、清潔などの世話をしてもらうことです。０歳児は大人の関心を受ける先天的な愛らしさ、ほほ笑みを示します。

知っておこう! 5歳児

人間生活に必要なルールを守ったり、人を尊重したりでき、分節能力が身にきます。

園生活のリズムや見通しを持って子ども同士が主体的に生活を組織するようになり、役割を自覚し、友達と共通の目的を達成しようとします。分節能力（文字や形の違いが見分けられて書ける力）が身につき、学齢成熟（学校教育を受けるにふさわしく成熟しているかどうか）に達します。生活習慣はほとんど自立し、自己コントロールもでき、自信を持つようになります。

知っておこう! 4歳児

人間らしい生活様式を身につけるための物質的、精神的な用具の使いが巧みになります。

基礎的な運動能力が身につき、手先も器用になるので、生活習慣がしだいに自立に向かいます。ひし形が描けるようになり、文字に関心を持ち、ひらがなの部分的な違いに気がつき始めます。相手の気持ちがわかる『心の理論』がわかるようになり、友達の思いを受け止め共感し合います。

知っておこう! 3歳児

日常生活のふるまい方のけじめがつくようになり、友達といっしょに遊ぶことを楽しみます。

食事の準備やかたづけなどの手伝いに興味を持ってしようとしたり、決まった時間に眠るなど午睡のリズムがついてきたりします。してはいけないことや、してもよい場所などが理解でき、生活にけじめがつくようになります。友達に関心を持ち、遊びを共に喜びます。

知っておこう! 2歳児

健康保持のために大切な洗面、手洗い、歯みがきなど清潔や午睡などの習慣を身につけます。

健康で、安全な生活ができるように、そして人間らしい生活様式を身につけていく初期のしつけが始まります。自我が芽生え「ジブンデ」と主張することが多くなり、大人の生活様式を模倣しつつひとりでしようとします。そのリズムを大切に見守られ、自立に向かいます。

社会で生きる力における発達の流れ・援助と保育のポイント

おおむね6か月

発達の流れ

※あくまでも目安です。発達には個人差があります。

*オムツがぬれると泣き、替えてもらうと泣きやむ

*あやされると喃語《なんご》でこたえる

*「いないいないばあ」を喜ぶ

*自分の意思を、親しい大人に伝えたい欲求が高まる

*好き嫌いや味の好み、食べ方がはっきりしてくる

*大人が言ったことや行動をオウム返しする

援助

*喃語に対して、「〜だね」などとこたえたり、体に触れたりして、応答的なやりとりを大切にする

*子どもの泣き声などのサインを受け止め、生理的要求にこたえる

保育のポイント

ポイント❶

愛着関係を深めて情緒の安定を（おおむね0・1歳ごろ〜）

愛情が注がれることで…

●情緒が安定する

情緒的ケアは、抱き締める、タッチするなどの身体的なくっつきのことで、それによって、乳児に安全・安心をもたらし、情緒が安定します。

●その人を安全基地に

大人との基本的信頼感を得た子どもは、その存在を安全基地として、自己活動や探索活動を行ない外界に適応していきます。

●自己肯定感が持てる

保護者や周囲の大人と特別の愛着関係が形成されると、自分は人に愛されている、大切な存在であるという自己肯定感が持てます。

保護者といっしょに

健全に母子分離ができ自我を確立

保育者との愛着関係が形成できると、保護者から離れて探索活動をする結果、保護者からの分離が進みます。そして、自分という存在を意識し、自我や自己の発達につながることを理解してもらいましょう。

＊自己主張が始まるとともに、大人に対して愛情が表れ始める

＊指さしが多くなる

＊登る、降りる、滑る、くぐる、またぐ、などの簡単な運動をする

＊大人と何かをいっしょにすることを喜ぶ

＊知っている物の名前を言われると指さしたり、言葉で言ったりする

＊人形やぬいぐるみを抱き締めて愛情を示す

＊ひとり遊びをする子どものそばで、温かいまなざしで見守り、優しく言葉をかけ、子どもが安心して遊びに没頭できるようにする。目が合ったときは、うなずく

＊「あれ知ってるよ」というように指さした物をしっかりと見て、「そうね。お花きれいね」などと返す

愛着関係を深めよう

ミラーリング（まね）

子どもの行動をそのまままねることによって、子どもが自分の主導性を持ちます。

いないいないばあ

顔を隠して「いないいない…」と言い、「ばあ」と顔を出します。子どもと交代で大げさに表現し、楽しみます。

タッチング遊び

体にタッチする遊びをすることで、大人との愛着を強めていきます。

赤ちゃん体操

顔をなでる、手の開閉、足の屈伸など、子どもの体を十分に動かすようにして、体の発育を促します。

発達の流れ

＊大人が付き添っていれば、ひとりで排せつできる

＊褒められるのを喜ぶようになる

＊「みててね」の言葉が多くなる

＊「おやすみ」などとあいさつができる

＊ボタンの留め外しをする

＊大人や物が仲立ちとなって、友達との簡単なごっこ遊びを楽しみ始める

援助

＊自分でしたい気持ちを認め、子どものようすを見守りながらさりげなく手伝い、できたときは共に喜ぶ

＊「みててね!」と言ってからしていることをよく見守るようにし、できたことを褒めたり、抱き締めて喜んだりする

保育のポイント

ポイント❷

模倣が生活のしかたにつながる（おおむね2歳ごろ～）

大人の模倣をすることで…

●正しい生活のしかたを知る

食事の準備のときに、大人が皿を並べたり、はしを置いたりしている姿をまねて、いっしょに並べることで、ていねいに食器を扱う動作を獲得していきます。

●好奇心がおう盛になる

よく知っている動作と手本の動作との類似性（すぐにまねができる）と差異性（すぐにまねができない）との両方があるとき、好奇心が強まり模倣欲が高まります。

●模倣は考える手段

子どもはその場面をまねることによって、視覚的に得ようとします。模倣がしだいに内面化していくとき、純粋に思考内で働くイメージが誕生することになります。

＊順番を待つことを理解する
＊脱いだ物をきちんと畳む

＊生活の見通しを持って自分で排尿、排便をしようとする
＊みんなで食事前にテーブルをふいたり、食器を運んだりするなど、手伝いをして喜ぶ
＊友達のそばでいっしょの遊びをするのを楽しむ（平行遊びをするようになる）

＊順番が守れたときは、「よくがまんして待てたね」と褒める

＊平行遊びの中で子どもたちがけんかをしたときなどは、「Aちゃんは Bちゃんと遊びたかったんだって」などと子どもの気持ちを代弁し、同じ遊びをして友達関係をつなげていく

＊友達に興味を示し始めたら、いっしょに声をかけたり遊んだりするなど、保育者が仲立ちとなり、つながりが持てるようにする

自律・自立の一歩を

協応運動を身につける

スプーンなどの食具を使うことで、物の扱い方が身につき、将来的にえんぴつなどで創造的な活動ができます。目と手がしっかりと協応するように、よく見せ、正しい扱い方を知らせます。

よい条件反射の形成を

冷たいオマルに座ると、「オマル＝不快な所」という条件反射が形成され、オマルに座りたくなくなってしまいます。オマルの肌に触れる所にタオルを巻き、「オマル＝心地良い所」にし、よい反射の形成によって生活習慣が身につくようにしましょう。

柔らかい身のこなしを

感覚器官と運動機能をフルに使って、積極的に興味深いものを見たり、触ったりする探索をします。見守ることが大切です。

自分でできた満足感を

自分でしたい気持ちを認め、子どものようすを見守りながらさりげなく手伝い、できたときは共に喜びます。

つづき

発達の流れ

*積極的に友達をつくろうとする

*遊びの中で友達と会話をする

*ままごとで役を演じる

*自分でしようとすることに意図や期待を持って行動できる

援助

*子どものおしゃべりには、聞きじょうずになって、相づちを打ったり、「それで」と促したり、「こうね」と確かめたりする

保育のポイント

ポイント③

「みんなといっしょ」を楽しむ（おおむね3歳ごろ～）

友達を意識することで

●集団行動への第一歩

３歳児は仲間との遊びを楽しむようになりますが、自我のぶつかりが起こり、集団の一員を意識し始めます。

●周りに気づく

集団行動が取れても、まだ自分と相手との関係は未分化であり、トラブルを経て相手の主張や気持ちに気づきます。

●相手の意思を尊重する

遊びの中でいざこざを経験し、相手の主張は何なのか、自分のイメージとの差に気づき、相手を尊重します。

＊友達へのいたわりや思いやりの心が育つ

＊「順番交代」が守れるようになる

＊自分のわがままを抑えようとする

＊ふたつの動きをひとつの運動としてまとめる

＊苦手な物もがまんして食べようとする

＊午睡前の着替え、身だしなみがひとりでできるようになる

＊決まりを守ろうとし、ルール違反を糾弾する

＊日課に沿ってすべての生活習慣をこなせることが集団生活のリズムの成立、生きる自信につながることを家庭に伝え、共同して指導する

＊少しでも苦手な物を食べられたときは、食べられたことをいっしょに喜び、おおいに褒める

「友達といっしょ」を楽しむために

共同遊び

子どものようすをよく観察し、十分に楽しんでいるなら見守り、マンネリ化していたりほかの友達が気になったりするようであれば、広がるよう援助しましょう。

友達との仲立ち

友達に興味を示し始めたら、いっしょに声をかけたり遊んだりなど、保育者が仲立ちとなり、つながりが持てるようにしましょう。

分け与える行動を褒める

もう少し食べたいと思っている友達に、おかわりで取ってきたおかずを分け与える“分与行動”を認め、褒めます。

かかわりの中で順番を知り守る

手洗い場で手を洗うときなど、前の子どもを抜かして洗おうとすると「じゅんばんだよ」と注意し合うように促します。

つづき

発達の流れ

＊競争心が芽生え、勝敗を意識する

＊人の話を親しみを持って聞く

＊泣いている友達をなぐさめる

＊世の中の出来事に関心を持ち始める

援助

＊社会に適応できる情操が備わるよう、質の高いすばらしいものにふれる機会や喜びを体感させる

保育のポイント

ポイント④
聞く力→思考能力→感情調整へ（おおむね4歳ごろ～）

聞く力

人の話を聞くことで、その内容を理解しようとするようになります。

思考能力

聞く力が高まると、話のイメージを頭の中で膨らませたり共感したりすることができ、考える力が育ちます。

感情調整

考える力がついてくると「～だけれども～する」という考え方ができるようになるため、しんぼう、がまん、などの耐性がつきます。

＊「間違えている」と思ったことは「間違えている」とはっきり言える

＊トイレのスリッパをそろえる、ドアをノックするなどのマナーが身につく

＊友達を評価する

＊自分が他者からどのように見られているか意識する

＊自分なりの価値観を持つ

＊友達とのけんかを話し合いで解決する

＊共通の目的に向かって役割を持って遊びを楽しむ

＊個性や欲求、思いがぶつかる場面で、第三者の子どもが仲介するのを見守り、相互の思いに気づかせていく

＊安心して努力できるよう、とまどっているときも見守り、できたときの喜びを共感する

感情調整ができるように

子どもの感情を言葉にして返す

言葉の奥に豊かな感情があっても、言葉で表現できず泣いたり衝動的な行動になったりします。感情を的確な言葉で返しましょう。

疑問文で返し、共に考える

「なぜ手をあげて道をわたるの?」と聞く子どもに、「どう思う?」と返します。「わたるあいずをする」などと考えた応答を褒めます。

がまんする

がまんできない子には「○○ちゃんもこのブロックで遊びたいんだって」と子どもが思っていることをわかるように伝えましょう。相手の思いに気づくことで、がまんできるようになります。

保護者といっしょに

子どもの甘えを受け入れる

つらいことがあったら甘えにやってきて、受け止めると安心します。自立の段階でもつらいときは甘えたくなります。依存を受け止め自己価値意識を高めましょう。

つづき

発達の流れ

＊人の役にたつことを喜ぶ

＊共通のイメージを持って共同製作ができる

＊自分の身の回りの清潔、清掃、身だしなみに注意をする

＊友達の気持ち、考えを他人にわかるように伝える

＊疑問に思ったことを質問し、自分で解決していく

＊推理的な思考力が伸び始める

＊外国の人々や暮らしぶりに関心を持つ

＊分節能力が身につき、学齢成熟を迎える

援助

＊「このむしのなまえは？」など知らないことを聞きに来たときには、保育者がすぐに解答するのではなく、図鑑を出していっしょに調べる

保育のポイント

ポイント5

進学してから役だつ「あと伸びの力」を養う

（おおむね5歳ごろ～）

「あと伸びの力」を養うために

●並ぶときに前後、左右を考える

散歩などで並ぶとき、「Aちゃんの前はBちゃん、後ろはCちゃん、右はだれ？」と無意識で並ぶのではなく、言葉で確認するようにします。

●ひとりひとりにおしぼりを配る（一対一対応の経験）

食事前に友達におしぼりを配る一対一対応を経験しておけば、個物の集まりに目をつける数の分野の教育の第一歩となります。

見守ることもりっぱな援助

子どもがとまどっているとつい手助けをしたくなりますが、発達の見通しを持ってすぐに動ける態勢で見守ることも、大切な援助です。子どもは安心して努力します。自分でできたときの喜びを共感しましょう。

年齢に応じて!

社会で生きる力を育てる環境のポイント

新しい環境に連れて行く（おおむね4歳ごろ〜）

子どもを積極的に新しい環境へ連れて行くようにします。例えば、ほかのクラスや園と交流する、高齢者施設に訪問に行くなど、身近な環境を活用しながら、子どもの環境への適応力を伸ばしていきます。

生活習慣での自立を自分で確認（おおむね5歳ごろ〜）

●チェックシートを活用して

「てをあらう」「かたづけをする」などの生活習慣を書いたチェックシートを作って置いておきます。子どもが自分でできるものにシールをはるようにします。シールをはれなかったところは、保育者が個別に援助をして、できるようにしていきましょう。

●自分の成長を知るために

４月に、画用紙をその子どもの等身大の形に切り抜きます。３月にも同じように切り抜き、１年でどれだけ成長したのかがわかるようにします。

基礎的生活習慣が身についていると…

食事、排せつ、睡眠、衣服の脱ぎ着、清潔、あいさつなど基礎的生活習慣を身につけさせるのは、身の回りのことを自分でできる自立感を育て、自分の生き抜く力に対する信頼感、自尊心を持ち、ひとりの人間として周囲の社会、文化に適応して役だつ存在となる大切なしつけなのです。就学前に自立の過程を確認しましょう。

基礎的生活習慣からの 社会で生きる力編

Q&A コーナー

注意を聞こうとしない子には？

Q もめごとがあり、注意しても「わー」と言いながら耳をふさいで聞こうとしません。どうすれば？

A ひざに乗せて抱き締め、ひとつひとつ何がいけないのかを話します。

例えば、相手の玩具を取った場面で注意しても、自分の欲求しか見えていないので、聞けないのです。まず「あなたも欲しかったのね」と受け止め、心を落ち着かせてから「Bちゃんが先に使っていた玩具だから返しましょう」「次、貸してね」と仲介しましょう。

ダウン症の子どもとの接し方は？

Q ダウン症のクラスの友達に対して、上からの目線で話しかけたり、やりとりをしたりしています。どう伝えればいいのでしょうか？

A 保育者がダウン症の子どもを尊重し、大切にする姿を見せます。

ダウン症の子どもは筋力が弱く、動きがゆっくりなので人間として劣るように子どもの目には映り、高圧的に出るのでしょう。しかし、リズム感がよかったり、人柄がよく優しかったりと天使のような姿があります。保育者が大切に接し、その子のよい面を他児に見せていくようにしましょう。

手伝ってもらうことがあたりまえに

Q 3月生まれのBちゃんをクラスみんなが手伝っています。言わなくても助けてもらえるからか、Bちゃんはそれをあたりまえのように思っているようです。どうすればよいのでしょう？

A B児のできそうな簡単なことから自分でできる喜びを。

早生まれのB児は、いちばん月齢が小さいのでクラスの友達がかばっているのです。助け合いはいいのですが、「Bちゃん、これはできるよね」と簡単な衣服の脱ぎ着などをさせ「じぶんでできたよ」とみんなに見せるなど、B児が自分でする気持ち良さを味わえるようにします。

「こまっている」と言えません

Q 困ったことがあっても「こまっている」と言えない5歳児のAくん。それが積もり積もって「もうヤダ！」となってしまいます。どう対応すれば？

A がまんをしている気持ちを見抜き、援助を申し出ます。

5歳児になるとプライドが出てきますので、簡単に手を挙げられないのです。困っているようすが見えたときに、「ちょっと手伝ってもいいかな」と本人の了解を得て、援助し、自分でできた満足感を持たせます。「できてよかったね」とA児の自信につなげましょう。

著者

川原佐公（かわはら　さく）

保育所で長年活躍の後、大阪府立大学、桜花学園大学等で教鞭を執る。
元・大阪府立大学 教授、元・桜花学園大学大学院 教授

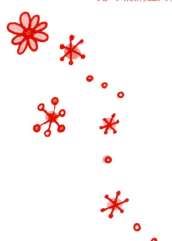

本文イラスト
たかぎ*のぶこ　中小路ムツヨ
やまざきかおり　　（五十音順）

本文デザイン・編集協力
株式会社どりむ社

編集協力
堤谷孝人

企画・編集
井家上 萌
安藤憲志

校正
堀田浩之

参考文献
『幼児のための数教育（著：横地清　国土社）』『子どもの思考と認知発達（著：滝沢武久　大日本図書）』
『乳幼児の発達（編著：隠岐忠彦　ミネルヴァ書房）』『乳幼児のことばの世界（著：大久保愛　大月書店）』
『領域言葉（編：村石昭三、関口準　同文書院）』『赤ちゃんと脳科学（著：小西行郎　集英社）』
『脳と保育（著：時実利彦　雷鳥社）』『続　保育の実践と理論（編著：鈴木五郎　ひかりのくに）』
『ベビーサイン（著：リンダ・アクレドロ／スーザン・グッドウィン　訳：たきざわあき　径書房）』
『特別支援保育に向けて（編著：安藤忠、川原佐公　建帛社）』　ほか

☆本書は、『月刊保育とカリキュラム』2012～2014年度に掲載された内容に加筆・修正し、まとめ、2015年4月号臨時増刊号として発行したものを単行本化したものです。

保カリBOOKS㊶

発達がわかれば保育ができる！

2015年11月　初版発行
2025年 3 月　第17版発行

著　者　川原佐公
発行人　岡本 功
発行所　ひかりのくに株式会社
〒543-0001　大阪市天王寺区上本町3-2-14
TEL06-6768-1155　郵便振替00920-2-118855
〒175-0082　東京都板橋区高島平6-1-1
TEL03-3979-3112　郵便振替00150-0-30666
ホームページアドレス　https://www.hikarinokuni.co.jp
印刷所　大日本印刷株式会社

Printed in Japan
ISBN978-4-564-60879-7
NDC376　224P　26×21cm

ひかりのくに株式会社

立ち便器は立ってするんだよ

100匹?!
ホントならすごすぎる

…汗、びっしょりじゃん。

発達がわかれば保育ができる!

手を広げて前にならえ!!
…狭いよね?

0~5歳児の
生活習慣から
遊びまで